무대의 시간공유

연극과 사회에서의 드라마 번역

Time-Sharing on Stage: Drama Translation in Theatre and Society
by Sirkku Aaltonen

Copyright © 2000 Sirkku Aaltonen
Korean translation rights © Dongin, 2013

This Korean edition is published by arrangement with Multilingual Matters Ltd
through Sibylle Books Literary Agency, Seoul

번역학총서 12

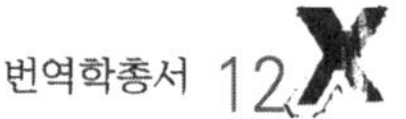

TIME-SHARING ON STAGE
Drama Translation in Theatre and Society

무대의 시간공유

연극과 사회에서의 드라마 번역

시르쿠 알토넨 지음 / 정병언 · 최성희 옮김

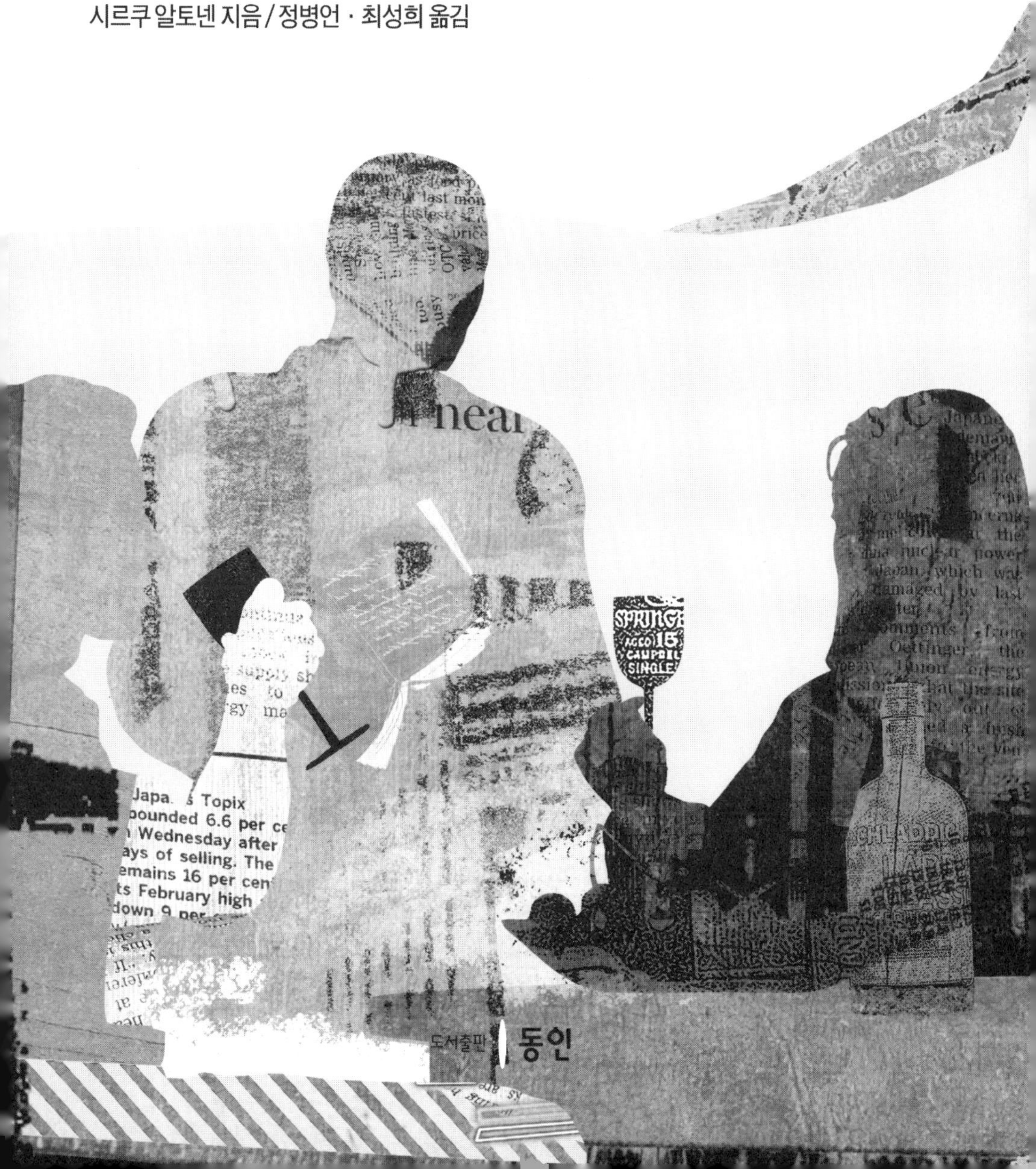

도서출판 동인

감사의 말

내가 이 프로젝트를 완성하는 데 도움을 주신 모든 분들께 감사드린다. 특히 수잔 바스넷과 앙드레 르페브르에게 많은 빚을 졌다. 이분들은 내가 연극번역에 대한 연구를 지속할 수 있도록 지원하고 격려했으며 그 미로에서 길을 잃지 않도록 영감을 불어넣어 주었다. 수잔의 연구에서 나는 많은 아이디어와 이 프로젝트를 꿰뚫어 볼 수 있는 도움을 얻었다. 나는 그토록 나의 작업에 신뢰를 보여준 앙드레가 이 연구의 완성을 보지 못하고 돌아가신 것이 참으로 안타깝다.

내게 연극번역에 대한 날카로운 통찰로, 그리고 그들의 시간으로 도움을 주신 많은 직장 동료들과 동료 학자들에게 어찌 감사를 드려야 할지 모르겠다. 마틴 보우먼과 빌 핀들레이의 지원에 특별히 감사를 드린다. 또한 재정적 지원을 해주어 내가 같은 영역에서 일하는 다른 학자들을 만날 수 있게 해준 바사대학재단에도 감사를 돌린다. 무엇보다, 나의 동반자인 제럴드 포터가 없었더라면 이 프로젝트는 결코 태어나지 못했을 것이다.

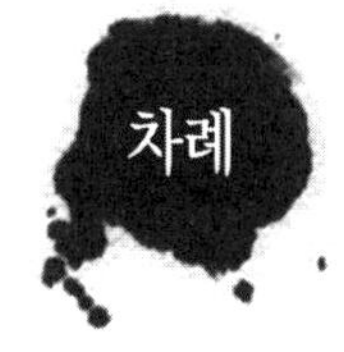
차례

들어가는 말

번역은 세상으로 난 창을 열어준다고 우리에게 약속하지만 항상 우리가 바깥을 내다볼 기회를 잡는 것은 아니다. 비록 우리가 저기 바깥에 있는 '타자'를 흘깃 훔쳐본다 할지라도 여전히 우리는 우리가 볼 준비가 되어 있는 것과 우리가 택한 서사에 속하는 것만을 본다. 번역이 외국의 비밀 정원으로 난 창이 아닐지는 몰라도 모든 사람들이 이용할 수 있는 텍스트의 다수성으로 난 창이기는 하다. 이러한 텍스트들은 다른 텍스트들로 둘러싸여 있고 그것들로 인해 자신의 형태를 갖게 된다. 외국 희곡들이 소개되어 국내 공연에 오르는 것은 현재의 국내 쟁점들의 조명 속에서 외국 텍스트를 보여주기 위함이 아니다. 그보다는 국내 쟁점들이 외국 텍스트의 조명 속에서 드러나는 것이다.1)

---

1) 이러한 견해는 토마스 힐리Thomas Healy(1997: 213-214)가 유럽에서 셰익스피어가 전유

만일 우리가 거울이미지를 좇는다면, 문학에서처럼 서양의 현대극에서 번역작품은 거의 원칙적으로 우리 자신의 이미지로 꽉 찬 거울로 기능하며, 비록 최상의 경우 나머지 세상의 파편들을 우리에게 보여준다 할지라도 그 파편들이 우리에게 익숙하게 느껴질 때에만 더 안정감이 든다고 주장할 수 있을 것이다. 익숙함은 진정성의 신화를 지탱해주며, 이는 리얼리즘이 지배적인 서사일 때 중요하고 수용을 더 용이하게 해준다. 그러나 만일 우리가 번역을 본질적으로 이기적인 행위로 보고, 그것이 잘해봐야 단지 문화적 트기를 생산할 뿐이며, 저 바깥에는 우리와 같지 않은 뭔가가 있다는 사실을 희미하게 제시한다고 생각한다면, 우리는 텍스트를 결코 하나가 될 수 없는 두 개의 끈이 엮어내는, 끝이 없는 동아줄로 볼 수 있을 터이다. 그래서 하나의『고도를 기다리며』대신, 이 연극을 하나의 물신화된 암호로 만든 많은 공연들이 있었기에 그만큼 많은 다른 '고도들'이 생겨나게 되었던 것이다. 그렇게 함으로써 다양한 그룹들은 자기들의 공연이 특정한 사회적, 문화적 발판으로서 진정성이 있고 합법적이라고 주장할 수 있었다(힐리, 1997: 214).

번역 활동을 보는 앞의 방식들 중 어느 것을 채택하든, 번역극 텍스트에 대한 연구는 그 텍스트들의 역사적 맥락에 의해 생성된 다양한 반성과 이미지들을 불러온다. 번역을 결정한 이면에는 분명 이기적인 동기가 있었을 것이다.『맥베스』*Macbeth*의 첫 번째 핀란드어번역은 1834년에 완성되었다. 그 번역자는 이 연극의 핀란드인 주인공과 그의 성(城)에 준하여 <왕실의 성>*Ruunulinna*이라는 새 제목을 붙이고, 핀란드인 등장인물과 핀란드 식 인용을 가지고서 그 이야기를 재구성했다. 그 연극의 이미지는 핀란드의 이미지였고, 핀란드의 역사였으며, 유럽의 다른 문명사회

되는 것을 서술하기 위해 제시한 것이다.

들 사이에서 핀란드가 수용되는 문제가 부각되었다. 그러나 그 극은 당대의 극 관계자들에게 전혀 인정을 받지 못했으며 심지어 출판 인쇄도 작가가 자비로 발행했다. 그 이미지는 당대의 문학체계 혹은 극체계에서 용납되지 않았다. 30년쯤 후에 같은 연극의 다른 핀란드어번역물은 다른 전략을 써서 극적 구조와 운율의 양면에서 영어 원본을 신중하게 따랐다. 이번에는 그것이 받아들여져 인쇄물로 출판되고 핀란드어로 번역된 최초의 '진정한 셰익스피어번역으로 칭송받게 된다. 거울에 비친 이미지가 여왕을 만족시켰던 것이다.

20세기가 끝나갈 즈음 핀란드의 연극 관객들은 '원본'의 대화를 30% 정도만 사용하거나 극을 재구성한 셰익스피어 연극의 번역작을 보게 되었다. 최근에 불가리아에서 제작한 한 <로미오와 줄리엣> 공연은 대사가 거의 없고 배우들이 마임으로 연기했다. 그 중간 중간에 가장 중요한 대사들 몇 개를 아주 재빠르게 내뱉으면서 섞어 넣었다. 몬터규가의 사람들은 오스만 투르크인들로, 캐플렛가 사람들은 불가리아 공산당주의자들로 그려졌다. 1992년 크로아티아의 한 <타이투스 안도로니쿠스> 작품은 당시 크로아티아의 정치적, 사회적 환경을 전달하기 위해 몇 장면을 잘라내고 다른 장면들을 넣었다(힐리, 1997: 206, 223, 228).

1906년 아일랜드에서는 레이디 그레고리Lady Gregory가 아일랜드 문예 부흥의 일환으로서 자신이 쓰는 킬타탄 사투리로 몰리에르 극을 애비극장에서 관객들에게 선보였고, 더 최근에 마틴 보우먼Martin Bowman과 빌 핀들레이Bill Findlay는 캐나다 작가 미셸 트랑블레Michel Tremblay의 연극들을 스코틀랜드 극장에서 스코틀랜드어로 성공적으로 선보였다. 1980년대에 일본의 토가 스즈키극단은 체홉의 『세 자매』를 한 시간짜리 공연으로 줄여 상연했다. 인도의 파시극단이 20세기 초의 수십 년 간 셰익스피어의 연극들을 상연했을 때 가장 공통적으로 그 극들에 추가된 것은 노래와 춤이었다. 관객들을 즐겁게 해주기 위해 인기 가요들이 반복해서 불려지곤 했다(룸바Loomba, 1997: 119).

위에 든 사례들은 문화간 연극*intercultural theatre*, 문화 간의 교류와 만남, 그리고 극단들이 어떻게 다른 문화에서 나온 텍스트를 부여잡고 공유하며 그것들 속으로 뛰어들어서 자기 것으로 만드는가에 대한 사례들이다. 이 사례들은 텍스트가 토착 극단들의 상연물 속으로 통합되어온 방식을 보여주는 것이면서 또한 극번역의 담론을 지배하는 다양한 코드들[2]도 재현한다. 외국어로 된 원문은 그 담론들을 지배하고 거기에 특수성을 부여하는 다양한 코드들- 문화적, 극적일 뿐만 아니라 언어적, 사회역사적이기도 한- 을 표현한다. 번역에서 이 코드들은 목표 사회의 코드들을 표현하기 위해 해석되고 재조정되기 때문에 왜 어떤 특정한 번역 전략이 다른 전략보다 우위를 점하는지, 혹은 왜 특정한 전략이 어떤 점에서는 거부되고 다른 점에서는 수용될 수 있는지를 설명하는 데 도움이 될 것이다. 이 코드들을 이해하면 우리는 더 수월하게 거울 속의 이미지를 읽게 된다.

그래서 특정한 전략을 선택한 결과로 생겨난 한 번역물의 담론은 자신의 맥락에서 자신의 특수성을 이끌어낸다. 그 담론은 예를 들자면 한 구체적 외국 문화에 대한 어떤 특정한 공간적이고 시간적인 반응이나 토착 연극 및 문화, 언어에 대한 지적, 외국의 특유한 관습이나 연극 관습에 대한 반응을 표현할 것이다. 그러나 모든 극번역의 공통점은 다른

---

2) 아니 브리세Annie Brisset(1996: 5)는 앙드레 벨로André Belleau를 인용하여 '코드'를 다음과 같이 정의한다. "어떤 메시지 (혹은 어떤 텍스트) 내에서 선택의 기능, 즉 다양한 층위에 있는 다양한 종류의 제약을 부여하는 것으로 파악되는 것." 나는 여기서 이와 같은 정의를 적용한다.

어떤 장르보다 더 연극 텍스트가 구체적인 상황, 즉 직접적인 지금 여기에서 이해된다는 사실이다. 한 무대 공연물의 단명성은 계속되는 해석의 과정과 원래 극본에 쓰인 코드들을 계속 재연출하는 과정에서 나오는 직접적 결과이다(존스턴Johnston, 1996a: 11).

연극번역에서 다양한 맥락적 코드들이 가지는 중요성은 언어학 중심의 접근법에 의해 발전된 과학적 모델들이 연극번역에서 실제로 발생하는 일에 대한 연구에서는 불충분하다는 사실을 의미한다. 베누티Venuti (1998: 25)에 의하면 이러한 모델들의 문제는 그 속에서 언어가 문화적, 사회적 변수들과는 무관한 한 묶음의 체계적인 규칙들로 정의되고, 따라서 번역은 그것이 실행되는 문화적, 사회적 형성물과 무관한 한 묶음의 체계적인 작업으로 연구된다는 점이다. 그렇지만 연극 텍스트는 그 자신의 역사적 맥락과 아주 밀접히 연결되어 있어서 과학적 모델들은 이를 무시함으로써 스스로를 해명하는 매우 중요한 변수들을 배제한다.

번역연구에서 경험적 과학을 구축하는 것이 목적인 언어-기반 지향과, 문화정치적 가치들이 번역 실행과 연구에 끼치는 영향을 강조하는 미학-기반 지향 사이의 구분(베누티, 1998: 8)은 클리포드 기어츠Clifford Geertz가 문화 분석에서 제안한 '얇은'thin 기술과 '두꺼운'thick 기술3) 사이의 차이를 따온 것이다. 기어츠(1973: 6-7, 10, 20)에 의하면 이 두 가지 접근법은 "두 소년이 오른쪽 눈의 눈꺼풀을 빠르게 깜박이고 있다."는 사건을 예로 들어 설명할 수 있다. 이 현상은 얇은 기술로 접근하면 "눈꺼풀을 빠르게 깜박이는 소년들"로, 같은 사건에 대해 두꺼운 기술로 말하자면, 예를 들어, "익살스런 윙크를 연습하는 소년들"이 될 수 있을 것이다.

---

3) 이 용어는 "현상 기술"과 "중층 기술"로 번역되기도 한다. 클리포드 기어츠, 『문화의 해석』, 문옥표 옮김, 까치글방, 1998 참조. — 역자

이처럼 두꺼운 기술은 의미화의 구조를 탐구하고 그것의 사회적 배경과 속뜻을 결정하려고 시도하며, 기어츠는 문화 분석이란 의미를 추측하고, 그 추측을 평가하며, 더 좋은 추측으로부터 설명가능한 결론을 이끌어내는 것이라고(혹은, 그래야 한다고) 주장한다. "익살스런 윙크"에 대해 물어야 할 것은 윙크의 존재론적 본질이 무엇인가가 아니다. 그것은 바위나 꿈에 대해 묻는 것과 같다. 그럴 때 윙크는 이 세계에 속한 사물이 된다. 그래서 물어야 할 것은 그 윙크의 속뜻이 무엇인가 이다. 그것의 발생 속에서, 그리고 그런 매개행위agency를 통하여 말해지는 것이 무엇인가 하는 것이다. 외국 텍스트가 새로운 맥락에서 다시 쓰일 때, 텍스트의 선택과 번역전략은 일련의 코드들에 대한 매개행위들이다. 이러한 매개행위들을 통해 실제로 말해지는 것은 적어도 그 매개행위의 역학만큼(그보다 더 크지는 않을지라도) 흥미롭다.

앞으로 나올 부분의 관심은 무대 공연에 사용할 목적으로 번역되거나 실제로 사용된 번역 텍스트들에 기능적으로 기울어져 있다. 이러한 규정은 매우 중요한데, 연극번역은 희곡번역과 반드시 동의어가 아니기 때문이다. 모든 번역된 희곡이 무대에서 공연되기 위해 생산되거나 이를 목표로 하는 것은 아니며, 어떤 것은 오로지 문학체계 내에서 인쇄물로만 존재할 것이다. 세네카 시대 이후로 공연보다는 일차적으로 개인적으로 읽기 위한 목적으로 서재극이 존재해 왔다. 이와 유사하게 구시대의 많은 희곡 텍스트들은 문학체계의 구성요소가 되어 더 이상 무대에서 공연되지 않는다. 극단이 반드시 희곡 텍스트를 사용하는 것은 아니며, 희곡 텍스트 또한 연극체계 바깥에 있다. 비록 희곡과 연극이 상호관련된 개념이긴 하지만 그것들은 같은 현상을 지칭하는 것이 아니므로 서로 분리해서 이해해야 한다.

연극번역에서 채택하는 전략에 대한 연구는 어떤 텍스트들은 원전을 면밀하게 따르면서 그 전부를 번역하지만, 다른 것들은 생략과 추가를 하면서 원전과의 약간의 차이를 지니게 됨을 보여준다. 연극번역은 또한 모방을 포함하는데, 이러한 견해는 외국 작품의 어떤 생각이나 개념을 따라 새로운 극을 창조한다는 점을 터놓고 인정하면서도 여전히 그 둘 사이에서 인정된 상호텍스트성에 의존하고 있다고 본다. 어떤 학자들은 마지막 두 경우를 번역의 영역보다는 연극 실천의 영역으로 규정하고 싶을 수도 있지만, 이 책에서는 이 모두를 포함하기로 했는데, 그것들을 제외하면 연극번역 작업에서 큰 비중을 차지하며 중요한 부분이 분석에서 빠지게 되었을 것이기 때문이다. 한 장르로서의 연극번역은 전통적으로 '각색'을 채택하는데(Berman in Brisset, 1996: xvi), 이것은 "거의 연극 자체만큼이나 오래 해온 일"이다(해리슨Harrison, 1998: 10).4)

연극 번역연구는 비록 지금까지 번역연구와 연극연구가 힘을 합친 적은 거의 없긴 하지만 연극연구에서 하나의 통합적 분야이다.5) 문화간 연극이라는 용어는 이 책 전체에서 외국의 희곡 텍스트가 다른 문화들

---

4) 번역된 극 텍스트가 또한 작품의 일부만 번역되고 다른 부분들이 누락되거나 다양한 종류의 변형을 행한 극본들까지 포함해야 한다는 아니 브리세의 제안은 유용하다. 그녀는 이런 각색의 범주에 재현실화와 모방을 포함하는데, 여기서 재구성이란 외국 연극의 공간적, 때로는 시간적 변경까지를 말하는 것이다. 모방은 각색의 가장 근본적인 형식으로, 원작이 단지 하나의 상호텍스트로서 살아남을 수 있는 정도의 권한 내에서 새로운 하나의 작품을 생산하는 것이다.

5) 이런 시도는 1997년 헐 대학교의 공연번역센터의 설립에서 보인다. 홍보 책자에 따르면 이 센터의 설립 목적은 "드라마작품이 한 언어에서 다른 언어로 전달되는 것과 관련된 문제들을 확인하고 검토하는 것"이다. 그러나 그 연구 영역에는 한 공연의 문서화된 요소뿐 아니라 전반적인 극 행사가 포함된다. 이 센터가 홍보 책자에서 말하는 '번역'은 문자 텍스트를 공연으로 옮기는 과정을 의미하는데, 이를 두고 바스넷Bassnett (1998: 94)은 영국의 극연구에서 일반적인 이 말의 용법이라고 주장한다.

사이에서 보이는 움직임을 포괄하는 말로 사용된다. 하지만 어떤 학자들은 이 용어의 사용이 한계가 있다고 지적해 왔으며 이 용어가 여전히 대체적으로 정의되지 않은 채 남아있다고 생각했다. 번역과 일반적 연극연구가 분리되지 않아야 한다는 점은 이 책의 목차에 들어있다. 첫 번째 장은 우선적으로 연극연구와 연극의 역사적 관점에서부터 연극번역에 접근하면서, 연극의 전통들 안에서 그리고 그 사이에서 일어나는 상호작용의 유형과 그것을 기술하는 데 사용되는 용어들에 대해 논의하면서 시작한다. 문화간 연극은, 만일 그 내용과 범위에 대한 동의가 이루어질 수 있다면, 이와 연관되는 문화들 간의 교류의 목적과 형식에 따라 다른 관련된 개념들과 구분될 수 있다. 문화간 연극에 대한 연극 종사자들과 비평가들의 서로 상반되는 반응들은 그들이 생각하는 동기와 목적에 비추어 이해할 수 있다. 문화간 교류의 찬성자들은 다른 문화들에 대한 이해를 높여서 새로운 연극 형식을 창조하는 데 도움이 될 수 있을 거라고 믿고, 반대자들은 대개 다른 지배적 문화들과의 접촉으로 고초를 겪었던 문화권의 출신이다. 그래서 그들은 더 나은 재정적 기반을 가진 헤게모니를 쥔 문화가 일으키는 피해에 초점을 맞추는 것이다.

번역극에 대한 연구는 전형적으로 그 소재를 텍스트 중심의 연극에서 끌어온다. 텍스트 중심의 연극은 서양의 이성중심적 전통에서 지배적인 연극 형식이다. 그러나 연극 만들기의 다른 형식들이 서양의 바깥 세계에서 존재해 왔으며, 텍스트 사용이 서양의 연극에서조차 전적으로 규정되어 있는 것도 아니다. 희곡 텍스트 교류는 역사가 길고 연극 텍스트들은 고대 이래로 공동의 자산이 되어 왔으며 자국의 공연 목록은 다양한 이유에서 외국 희곡들로 보완되어 왔다. 이러한 사정은 동양과 서양의 연극 전통 모두에 해당된다. 비록 이 두 전통 사이의 이동은 대개 일방적이었지만 말이다.

두 번째 장은 연극번역을 연구할 수 있는 방법론적 틀을 설정함으로써 번역연구의 관점에서 연극 텍스트들에 접근한다. 모든 문화와 연극은 그 행위에서 체계 내적intra- 규칙성과 체계 간의inter- 규칙성을 모두 작동시킨다. 이 체계들은 그 속의 개별적 요소들보다 더 크고 더 강력하므로 이 체계들 내의 특정 시간과 장소에서 자신의 일을 해나가는 번역자들은 독립적인 개인으로서 행하는 것이 아니라고 주장할 수 있을 것이다. 오히려, 그들의 행위는 한 특정한 문화와 사회에 속한 자신들의 소속에 기대어 어떤 시점의 구체적인 하나의 무대를 위해 일하는 것으로 이해할 수 있다. 연극체계는 다른 사회와 문화체계와 공생관계로 공존하는 살아 있는 유기체이다. 연극체계는 연극번역에 물질적인 토대를 제공하며, 주류 극단들과 주변 극단들뿐만 아니라 다양한 소비자 단체와 제작자 단체들까지 포함하는 하위체계들의 복잡한 네트워크이다.

여기서 연극 번역연구의 초점은 반드시 그래야 하는 것은 아니지만 원문보다는 번역물에 모아진다. 연극의 역사를 보면 어떻게 원문화의 어떤 측면에 대한 외국의 관심이 특정 장르의 인기를 창출하거나 공헌했는지에 대한 사례들로 가득하다. 예를 들어 19세기 중반 식민지 인도의 여러 지역 극단에서는 영국과 인도의 고전극을 함께 공연했다. 거의 잊혀져가던 산스크리트 드라마는 "유럽에서 온 동양학 연구자들이 쏟아낸 찬사 덕분에 고전적 우수함에 대한 명성을 회복했다"(룸바, 1997: 115).

번역은 본래 외국극 텍스트의 '실재들realities'을 구성하는 방식에서 민족중심적이며 차별적이다. 다른 실재들이 하나의 동일한 원본에 기반하여 존재하는 것은 가능한 일이다. 왜냐하면 의미는 텍스트로부터 구성되기 때문이다. 마치 인류를 먹여 살리는 모든 비전을 담고 있는 만물상

자인 판도라 상자 신화를 다시쓰기하는 것처럼 말이다(Littau in von Flotow, 1997: 45). 독자와 번역자, 연출가, 배우, 디자이너와 기술자 들은 모두 그들 자신의 독서물을 만드는데 이것들은 관객을 위한 무대 공연에 합쳐져서 그들의 의미 구성의 기반으로 활용된다. 이러한 다른 독서물들 만이 텍스트의 특성이 되는 것은 아니다. 텍스트를 읽는 독자들마다 그 들의 기원이 있다. 사회적 그리고 문화적 변화로 인해 사람들이 근소하 게나마 유사한 방식으로 세계를 읽기가 점점 더 어려워지게 되었다. 각 사회는 점점 이질적으로 되어가고 사회의 경계는 사회적, 문화적으로 경 계가 더욱 흐릿해짐에 따라 코드화와 코드해독에 쓰이는 코드의 수는 증 가했고 그 결과 코드해독은 더 어려워졌다(피스크, 1993: 107). 저작권법 이 감시를 하려고 하지만 각각의 독서를 다 감시하기는 어려우며, "한때 창작자의 손에 맡겨졌던 모든 작품들은 이제 단지 읽고 해석하기 위해 존재한다"(에슬린Esslin, 1994: 15). 그러므로 하나의 동일한 독서는 모든 독자 관객들에게 다 자명할 수 없을 것이며, 어떤 사람들에게는 어떤 확 실한 독서도 전혀 제공될 수 없을 것이다.

베누티(1998: 4)는 교류하는 문화들 사이의 비대칭성을 가장 큰 스 캔들이라고 지칭했다. 이러한 비대칭성 또한 연극번역의 핵심적인 부분 인데, 번역 활동의 본래적 민족중심성 때문만이 아니라, 모든 체계 속의 텍스트가 같은 방식으로 그 영향을 받는다는 점에서도 그러하다. 그러므 로 다양한 하위체계의 작품들을 이해하기 위해서는 체계 이론에 의해 연 극번역에 제공되는 틀을 서로서로 위계적 관계에 놓인 체계 행위를 설명 할 수 있는 문화연구 모델로 보완할 수 있다. 그래서 체계 모델이 학자들 로 하여금 강하거나 약한 특징적 체계에 기반하여 번역을 분석하도록 돕 는 동안, 추가적으로 도착체계의 분화와 더불어 주류 극단과 비주류 극단, 원천문화와 도착문화 사이에 형성되는 체계내적 관계와 체계상호적 관계를 함께 고려할 필요가 있을 터이다. 번역전략의 선택과 그것의 매개행위를 통해 말해지는 것은 연극, 문화, 사회체계를 수용하는 기능으로, 그리고 문화적 위계에서 그러한 것들이 차지하는 위치에 대한 그들의 관점으로 생각되는 바이다.

연극 텍스트와 더불어 연극 텍스트의 번역은 문학체계 내의 텍스트와 같은 규칙을 반드시 따르지는 않는다. 연극번역이 현대의 문학번역에 적용될 수 없을 전략을 사용하기 때문에 이를 옹호하는 수많은 정당화가 개발되어 왔다. 번역 결정과 선택에 대한 가장 일반적인 설명은 더 포괄적인 '무대 요건들'뿐만 아니라 '발화성'speakability과 '연기성'playability(또는 '공연가능성'performability) 같은 개념들을 포함하지만, 이러한 개념들은 발화성이 단순성과는 다르다는 것과 어느 정도 리듬의 사용과 연관된다는 것 이상으로 합의하는 데까지 나아가지 못했다. 연극번역의 논의와 분석에서 발생하는 또 하나의 용어상의 혼동은 문학체계 내의 번역 설명에서 빌려온 '의역'이나 '충실한 번역'과 같은 속성들의 사용과 관계가 있다. 가장 중요한, 모호성이나 상반되는 목적은 '각색'이나 '직역'('학술적' 혹은 '학문적' 번역)과 같은 꼬리표를 통하여 설명되게 되었고 이런 수식어들은 그 지시 의미가 불분명할 때조차 빈번히 사용된다. 예를 들어, '각색'은 원본 텍스트를 단지 일부만 사용하는 번역과, 문학체계에는 해당되지 않는 연극체계의 제약을 따르기 위해 쓰였던 번역 둘 다에 사용된다.

세 번째 장은 근간이 되는 코드들과 번역전략의 선택과 결부된 상호텍스트성의 유형 사이에 있는 규칙성에 대한 분석이 핵심을 이룬다. 외국 연극 텍스트를 선택하는 이유는 항상 어느 정도 도착체계로 되돌아갈 수 있다. 따라서 생산적 수용*productive reception*이라는 말은 여기서 하나의 기술적 용어로서, 호환성이나 통합과 같은 연극번역의 중요 측면을 설명하고 문화간 연극에서 번역이 가지는 타자성을 지향하는 태도를 표현하는 번역을 기술하기 위해 채택된다.

외국의 연극 텍스트는 도착사회의 담론과 조화를 이루거나 호환될 수 있는 담론 또는 담론적 구조와 텍스트들의 호환성에 기반하여 선택된다. 문화변용과 자연화는 외국 텍스트를 도착체계의 관습들과 조화를 이루도록 하는 데 사용되는 전략들이다. 불가피하게 편견이 '그릇된 재현'으로 귀결되지만, 이런 문제는 번역연구에서는 겨우 조금씩 중요한 주제로 되어갈 뿐이다.

연극 제작은 항상 특정한 시간과 특정한 장소에 있는 특정한 관객들과 밀접하게 결부된다. 그 결과 공연을 위해 어떤 외국 연극 텍스트를 선택할 때 전반적 제작뿐 아니라 번역에도 불가피하게 타자성에 대한 어떤 반응이 드러난다. 외국 원본 텍스트의 형식으로 된 그 타자는 바람직한 문화 상품을 나타낼 것이다. 이는 상징적 가치를 가지고 있거나 국내 문제에 보편적인 성질을 부여할 수도 있으며, 또한 어떤 위협을 전형적으로 보여줄 수도 있다. 번역 과정은 항상 이러한 것들을 수용하는 연극의 미학과 도착문화의 사회적 담론에 맞추는 노력을 포함한다.

외국 텍스트가 도착극단의 상연목록에 통합되고 도착사회의 담론의 일부가 되게 하는 번역전략들은 대략 3가지 범주로 나뉜다. 텍스트는 그 전체가 번역될 수도 있고, 다양한 형태로 변화를 주어 부분적으로 번역될 수도 있으며, 원본 텍스트의 몇 가지 아이디어나 주제에 기반할 수도 있다. 만일 텍스트가 완전히 번역된다면 번역전략의 행위를 통해 표현되는 태도는 경의의 태도이다. 경의는 '외국의 것'이 바람직한 문화 상품을 재현하는 텍스트와 번역전략을 선택하는 것이 특징이다. 그러한 외국 텍스트는 도착체계와 사회의 담론에 맞출 필요가 없어 보이거나 적어도 아주 미미해 보인다. 여기서 희망은 번역이 원본과 그것이 표현하는 문화의 성질들을 도착체계에로 전달하는 일일 것이다. 외국의 원본 텍스트가 무엇보다 토착 무대나 국내 문제를 표현하는 자료로 간주될 경우, 그것은 도착문화의 담론과 조화를 이루도록 다시쓰기 전략을 통하여 도착체계와 사회의 필요에 봉사하기 위해 전복된다. 그 텍스트들은 그 극단의 미학에 맞게 각색되면서 조정된다. 여기에는 체계의 관습과 매체나 세계관 같은 이데올로기적인 문제의 제약뿐 아니라 미학적 고려도 포함된다. 각색의 번역 양식은 고정된 모델에 대한 반항이거나 관심 부족, 따라서 이국적인 것의 특수성에 대한 무시이기도 하다. 타자성은 무시되거나 혹은 조명을 받지 못하고, 부차적인 중요성을 가진 것으로 간주된다. 조정은 '예술을 위하여'나 혹은 '공동체를 위하여'라고 정당화된다.

마지막 장에서는 번역자를 저자로 간주하며 저작권법의 문제점들을 논의한다. 저작권법이 부분적으로 인쇄기술에 대한 반응으로 도입되었으므로 그 특권이 구두 텍스트의 화용론에 항상 들어맞는 것은 아니다. 번역자의 권리는 저자의 권리에 종속되어 있다. 마치 다른 누군가의 작품에 빚짐이 서양이 예술과 문학을 바라보는 방식에서 핸디캡으로 비치듯이 말이다. 저작권법은 누가 저자로서 자격이 있는가를 결정한다는 점에서 그와 같은 가부장적인 영향의 불안으로 특징지을 수 있다. 그 결과, 외국 극작가의 작품에 대한 번역자의 빚짐은 극작가에 유리한 것이어서 균형이 맞지 않다. 극작가가 텍스트에 대하여 무제한적인 권력을 부여받게 되는 것이다. 극은 본성상 협동적인 예술 형식이며 외국 작가와 번역자 양쪽이 동등한 노동을 투여한다. 주된 관심이 문화적 작품을 교역 가능한 상품으로 정의하는 저작권법은 이러한 점을 인정하지 않는다. 대신에 그 법은 다른 누군가의 작품에 빚짐이 그 작품의 가치를 결정한다는 위계를 확립한다. 나는 저작권법의 이러한 토대에 도전하며 협동적 작가주의 개념을 지지한다. 번역자들은 점차적으로 저자의 일종, 즉 그의 작품이 외국의 해당 작가의 작품과 동등한 인정을 받을 가치가 있는 창작자로 받아들여지고 있다. 텍스트는 다양한 방식으로 시장에서 유통되고 이제 위계를 상호연계로 교체할 시간이 되었다.

이 책의 제목은 프랑스 철학자인 미셀 드 세르토Michel de Certeau(1984: xxi)에게서 따온 것인데, 그는 텍스트를 세입자들이 동등하게 생활공간을 변화시킬 수 있는 임대아파트에 비유한다. 세입자들처럼 번역자들은 독자로서 텍스트에 이사해 들어올 때 텍스트를 다시 장식한다. 단어들은 독자의 세계가 저자의 장소로 들어갈 때 침묵의 역사의 배출 혹은 산물이 된다. 전 역사에 거쳐 텍스트의 시간공유는 문화간 연극의 중요한 한 측면이 되어 왔으며, 짧은 순간 동안, 매 시대마다, 번역자들과 기타 극종사자들은 외국 텍스트로 세입자로서 점거해 왔다. 몇몇 텍스트들은 마치 어느 누구의 방문도 받지 않는 것처럼, 아니면 심지어 방문을 받았더라도 조금도 손상되지 않고 남은 것처럼 보여야 한다는 기대를 받아왔다. 다른 텍스트들은 세든 사람들의 흔적을 지니도록 허용되거나 심지어 장려 받아 오기까지 했다. 그러므로 번역된 텍스트는 텍스트의 세입자와 관련하여 접근하고 연구할 수 있다. 그 세입자들은 주변의 사회에 내재된 다양한 코드들에 반응해왔고 이 반응을 통하여 텍스트를 당대의 전반적인 사회문화적 담론들로 통합했다(또는 통합하지 못했다.)

이제 미로 속으로의 여행이 시작된다.

1.

문화간 연극

연극들 사이의 상호작용은 전 역사에 걸쳐 발생해 왔기 때문에 문화간 연극을 구성하는 것이 무엇인가를 정의하는 문제는 대체로 학술적이며, 종종 연구의 개념적인 틀을 찾는 것과 관련된다. 문화에 적용 가능한 정의와 같은 자신들의 분석에 적절한 도구를 찾아내기 위해, 현대의 연극 연구 학자들은 연극의 상호작용에 대한 문화적 기반을 설명할 때 인류학과 사회학의 관련 원리들로 자주 돌아가곤 했다.

예를 들어, 파트리스 파비스Patrice Pavis 같은 현대 연극 기호학자의 연구 접근법은 카미유 카미레리Camille Camilleri, 클리포드 기어츠, 클로드 레비 스트로스Claude Lévi-Strauss의 업적에 영감을 받았으며, 각기 다른 연극 교류의 흐름들에 대한 그의 모델은 이들 학자들의 연구와 글에 상당부분 빚지고 있다. 파비스Pavis(1996: 2-5) 또한 카미레리의 문화 개념을 참조하여 문화란, 한 사회나 집단이 세계와의 관계 속에서 스스로를 이해하도록 해주는 하나의 의미화체계라고 본다. 문화는 우리의 재현과 정서와 활동, 즉 모든 우리의 정신적 삶의 모든 측면들을 지시하는 것이며, 문화의 질서는 자연의 질서와는 분명히 구분되어야 할 것으로서, 인간의 예술에 의해 창조되며 사회적 계승에 의해 전승된다.

연극 무대에서 문화는 공연의 모든 요소에 영향을 끼치는데, 가령, 극 텍스트는 다양한 언어와 경험에서 유래한 수없이 많은 퇴적층을 축적하고 있는 것으로, 새로운 텍스트 속에 이러한 것들을 불러 모은다. 유제니오 바르바Eugenio Barba(재인용, 파비스, 1996: 4)가 지적했듯이 이러한 것은 장기간에 일어나는 과정이다. "단시간만 지속된다면 그것은 연극이 아니라 스펙터클이다. 연극은 시간 속에서 영원성을 지닌 전통과 관습, 제도, 습관으로 만들어진다."

파비스(1996: 5)에 의하면, 문화간 연극은 연극들과 문화들 사이에 가능한 교류들 중 하나이며, 이 영역은 이것이 종종 암묵적으로 결부되곤 하는 다른 개념들의 영역과 구분하면서 접근해야 한다. 이러한 개념들은 연극 활동의 몇 가지 다양성을 아우르며, 새로운 연극 형식들뿐만 아니라 오랜 기간에 걸쳐 사멸되어 온 낡은 형식들까지 조사할 것을 목표로 표방하면서 문화의 교차로에서 통시적, 공시적으로 연극이 발견되는 지형을 그려낸다. 파비스가 다른 책에서 지적하다시피(파비스, 1996: 1), 문화간 연극이 아직 하나의 인정된 영토 혹은 잘 정의된 경계를 가진 새로운 장르로 정착되지 않았다는 사실은 그의 설명을 읽다보면 명확해진다. 그러므로 그의 충고대로, 몇몇 연극의 상호작용은 단지 "연극 실행 속에서 이루어지는 문화간 교류"이지 이질적인 전통들의 종합에서 발생하는 "문화간 연극"은 아니라고 보는 것이 좋을 듯하다.

이 책의 초점은 텍스트 중심의 전통을 가진 번역이라는 좁은 영역 안에서 텍스트의 문화간 이동에 한정되어 있기 때문에 '문화간'intercultural 이라는 말을 정의하는 문제는 어떤 면에서 부차적이다. 그러나 '문화간' 이라는 말이 나중에 연극 텍스트가 경계를 넘는 방식을 지칭하는 하나의 속성으로서 사용될 때, 독자들은 이 개념의 용어상의 부정확함 혹은 모호함, 그리고 연극과 문화가 서로 엮이는 많은 방식을 의식하는 것이 좋을 터이다.

문화의 교차로에서[1]

문화간 연극 교류는 문화의 다양한 측면들과 관계되므로 우리는 이들 교류에서 사람들이 가장 많은 관심을 가지는 문화의 측면에 기반하여 이러한 교류들을 구분할 수 있다. 이 절에서 논의될 파비스(1996: 5-7)가 제안한 구분법은 무엇보다 연극과 문화가 상호 관련되는 방식의 다양성을 이해하는 데 유용할 뿐더러, '문화간'이라는 말의 의미를 서로 다른 문화 지역의 극 전통이 자발적으로 합쳐질 때 발생하는 트기 형식으로 좁힘으로써 이 말의 더 정확하고 한정적인 의미를 찾는 일을 더 용이하게 해준다

---

1) 이 절에선 파비스의 연극 분류를 소개하고 있기 때문에 이 제목은 1992년에 출간된 그의 『연극, 문화의 교차로에서』*Theatre at the Crossroads of Culture*에서 따온 것으로 보인다. 파비스는 연극이 문화와 관계하는 방식에 입각해서 그 종류를 문화내적 연극 intracultural theatre, 통문화적 연극transcultural theratre, 초문화적 연극ultracultural theatre, 전-문화적 연극pre-cultural theatre, 후-문화적 연극post-cultural theatre, 메타문화적 연극 metacultural theatre으로 나눈다. 또한 그는 자신의 '문화간 연극'의 정의에 따라 다문화 연극multicultural theatre, 문화 콜라주cultural collage, 혼합주의 연극syncretic theatre, 탈식 민주의 연극postcolonial theatre, 제4세계 연극Theatre of the Fourth World으로 분류하고 있다. — 역자

(파비스, 1996: 8).

파비스에 의하면(1996: 5-10), 우리는 연극 종사자들의 작업의 목표와 방향이 문화의 이념과 관계될 수 있는 여러 가지 다른 방식들을 발견할 수 있다.[2] 문화간 연극에 대비되는 문화내적 연극에서 연극 종사자들은 민족적 전통을 추구한다. 그렇게 함으로써 그들은 자신들의 연극을 외적 영향과 관련해서 더 잘 규정하는 것뿐만 아니라 자신들의 문화의 기원과 변천을 더 깊게 이해하기를 희망한다. 프랑스의 배우-연출가인 자크 코포Jacques Copeau와 그의 무대감독인 루이 주베Louis Jouvet의 작업은 문화내적 연극의 한 사례가 된다. 그들은 '비외 꼴롱비에극단'Théâtre du vieux-colombier으로 2차 대전 이전의 프랑스 연극계에서 가장 중요한 인물들이 되었다. 이탈리아의 극작가이자 배우-감독인 다리오 포Dario Fo의 극들과, 동양에서는 일본의 부토Butoh 연구가 토착 문화의 양상들을 전달하는 연극에 속한다. 또한 문화내재성intraculturality은 노와 가부키가 현대 일본 연극에서 사용되어온 방식에서 중요한 한 양상이다. 드 푸터de Poorter (1993: 59-60)에 따르면, 비록 백 년 전만 해도 노와 가부키 예술은 새로운 서양의 조류에 휩쓸려 버릴 것처럼 보였지만 그 전통들은 스스로의 권리를 고집해 왔다고 한다. 몇몇 새로운 노와 가부키 극들은 낡은 주제들에 기반하지는 않지만 여전히 노와 가부키 양식으로 공연되며, 노에서 파생된 주제를 다루는 현대극들(유키오 미시마Yukio Mishima의 극들처럼)도 있다.

문화내적 연극이 자신의 문화의 경계를 넘어가지 않는다면, 통(通)문화적 연극은 넘어간다. 이것은 인간 조건의 보편성을 찾기 위해 특수한 문화를 넘어설 것을 제안한다. 통문화적 연극의 연출가들이 전통들에

---

2) 여기의 논의는 내가 정리하고 확장한 파비스의 범주와 사례들에 기반하고 있다.

관심을 가지는 것은 오직 각 전통들이 공통으로 지닌 것과 어떤 특정한 문화로 환원되지 않는 것을 더욱 효과적으로 파악하기 위해서이다. 파비스(1996: 6)는 통문화적 연극의 사례로 피터 브룩Peter Brook의 작업과, 민족적이고 개인적인 차이 너머와 아래에서 무엇이 사람들을 연결해주는가에 대한 그의 탐구를 예로 든다. 통문화적 열망은 현대 서양의 텍스트에 기반한 극의 숱한 교류에서도 중요하게 작용하는데, 번역되는 극 텍스트를 선택할 때 가장 빈번하게 동기를 부여하는 것이 관객들이 현실을 인식하는 방식과 현실과 관계 맺는 방식에서 어떤 공통된 지반이 존재함을 지각하는 일이기 때문이다. 각각 다른 갈래의 사실주의들3) – 관찰가능한 현실에 대한 우리의 지각과 관련된 경험주의적 사실주의, 우리의 주관적 현실 경험에 관련된 정서적 사실주의, 어떤 것이 정당한가에 대한 우리의 이해와 관련된 윤리적 사실주의– 이 외국 문화에서 나온 연극 텍스트가 수용될지 아니면 거부될지를 결정하게 될 것이다.

어떤 측면에서 브룩의 연구는 초(超)문화적 연극이라는 파비스의 정의(1996: 6)에 근접하는데, 이는 연극의 어떤 존재론적 기원이자 잃어버린 신화적 순수성의 추구와 관계된다는 점에서이다. 초문화성 ultraculturality은 문화적인 요소가 어떻게 부여되든 간에 인간 공동의 토대가 존재한다는 가정 하에 뿌리, 즉 진정한 의식과 예식으로 되돌아가는 움직임을 의미한다. 발리 섬의 무희들의 공연에 고무 받아 앙토냉 아르또 Antonin Artaud가 동양의 극에 매료된 것은 예술의 신화적 원천에 더 가까이 다가가고자 한 욕망의 표출로 읽을 수 있다. 아르또는 상징적 제스처, 동작, 소리, 리듬을 위하여 언어를 내던져 버렸다. 반면 브룩의 『오가스트』

---

3) 이 용어들은 이엔 앙Ien Ang(1991)과 펜티 알라수우타리Pentti Alasuutari(1991)의 매체연구에서 소개되었고, 알토넨(1996)의 희곡번역에 적용되었다.

*Orghast*는 고대의 언어에서 조합해 낸 음악적인 상징 언어를 채택했다. 아르또가 무의식을 해방시키고 "원시적인 잔혹성과 힘의 상태로"(하트놀Hartnoll, 1990: 36) 되돌아가는 연극을 마음속에 그렸다면, 브룩은 감각과 감정에 대한 보편적 언어를 재구성해내기를 원했다. 초문화적인 극의 다른 사례로 파비스(1996: 6)는 안드레이 세르반Andrei Serban의 『메데아』*Medea*와 『트로이의 여인들』*The Trojan Women*을 든다. 브룩의 제자였던 이 루마니아인은 이 극들에서 그리스어, 아프리카어, 미국 영어와 미국인디언 언어로 만들어진 새로운 언어를 창조했다.

전(前)-문화적 연극은 문화와 극 형태들의 공통된 기원을 추구하는 것과 전혀 관련이 없으며, 오히려 동서양의 극 종사자들이 특정한 전통이나 공연 기술에서 개별화되거나 문화적 변용을 겪기 이전에 그들에게 공통적인 것에 기반하고 있다. 파비스(1996: 7)에 의하면, 유제니오 바르바의 작업을 전-문화적 연극의 사례로 볼 수 있다. 그가 다른 전통들에 공통적인 전(前)-표현적인 보편 원리를 찾으려고 시도하는 중에 서양과 동양의 극들이 발생한 공통의 기반에 초점을 맞추었다는 점에서이다. 자신들의 연극을 "전통들의 전통"의 흐름 속에서 생각한다는 것은 민속적, 민족적, 집단적, 혹은 심지어 개인적 전통들 속에서 극을 바라보는 것만큼 그 자신들의 정체성을 이해하는 데 중요하다(바르바, 1996: 218).

후(後)-문화적 연극의 연출가들은 우리 시대는 다양한 문화적 맥락에서 주워온 파편들을 재활용하는 데 그칠 뿐이라고 확신하고 있다. 이러한 파편들의 이동은 자유롭지도 우연적이지도 않으며, 많은 점에서 문화적 위계질서에 매여 있다. 경제적 관계 속에 있는 문화들 간의 비대칭은 미학의 자유에 영향을 끼쳐 왔고, 일반적으로 헤게모니를 쥔 서양의 입장을 강화시켜 왔다(파비스, 1996: 149).

메타문화적 연극에서 하나의 문화는 메타-텍스트적인 차원에서 다른 문화에 대해 비평을 한다. 로버트 윌슨Robert Wilson, 모리스 베자르Maurice Béjart, 유제니오 바르바 같은 연출가들은 배우들로 하여금 자신들의 전통에 낯선 형식들에 대해 비평을 하도록 지시하고 이 비평을 무대 연출에 적용하려고 시도했다는 점에서 메타문화 연극을 대표적으로 보여준다(파비스, 1996: 7).

파비스는 고유한 의미에서의 **문화간 연극**을 다양한 종류로 구분한다. 그가 말하듯이(파비스, 1996: 8), 엄밀한 의미에서 문화간 연극은 많은 현대극 종사자들의 작업의 특징이 된다. 테이머Taymor와 에미그Emig, 핀더Pinder는 미국 관객들을 위해 발리극의 요소를 적용하였고, 브룩과 므누슈킨Mnouchkine, 바르바는 인도나 일본의 전통들을 전유하였다. 파비스의 인물 목록에는 로베르 르파주Robert Lepage, 리 브루어Lee Breuer, 엘리자베스 르콩트Elisabeth LeCompte, 존 제수룬John Jesurun, 윈스턴 통Winston Tong, 허우 샤오시엔Hou Hsiao-Hsien 같은 북미 출신의 극 종사자들도 포함된다.

다문화 연극은 다문화적 사회에서 다양한 민속 집단 혹은 언어 집단 사이의 교차적 영향에 의해 구성되며, 그 의미가 문화적 원천의 공존이나 다양성에서가 아니라 맥락들의 충돌에서 유래한다(파비스, 1996: 8-9). 이것의 한 사례가 영국의 현대적인 '빙글리쉬'Binglish[4] 작품들일 텐데, 여기서는 아시아인이나 전원 흑인 배역진으로 아시아 작가나 흑인 작가의 새 텍스트뿐만 아니라 유럽의 텍스트나 그 각색물들을 공연한다.

---

4) '빙글리쉬'라는 말은 싱가포르인들이 그들의 구어를 지칭하는 데 사용한 '싱글리쉬'Singlish라는 말을 자틴더 버마가 전유해 사용해왔다. 그래서 '빙글리쉬'는 하나의 과정이면서 구어체 영어의 형태를 의미한다. 현대 영국에서의 아시아인과 흑인의 삶은 "그다지 영국적이지 않은" 삶이며 "영국적이 되려는" 노력으로 특징지을 수 있다(버마, 1996: 62).

이 단체들의 작업의 목적은 영국 무대의 지배적인 관습에 도전하는 것이
다. 예를 들어 탈라와극단은 오스카 와일드의『윈더미어 경 부인의 부채』
를 어떤 수정도 없이 전원 흑인 배역진으로 제작했다. 그 결과, 한 대사
에서 어떤 등장인물이 "너의 깊은 푸른 눈동자를 들여다보는 것"에 대하
여 이야기하고 있었던 것이다(버마Verma, 1996: 195).

　　문화 콜라주는 자신들의 고향 문화에서의 민속적 기능이나 중요성
을 고려하지 않고 형식과 기술들을 선택한다. 로버트 윌슨Robert Wilson 같
은 연출가들은 다양한 요소들을 인용하고, 각색하고, 축소하고, 확대하고,
결합하고, 혼합하여, 예상하지 못한 유사-초현실적인 문화적 재료들의 만
남을 하나의 문화적 콜라주를 바꾸어 버린다. 데렉 월코트Derek Walcott과
월레 소잉카Wole Soyinka의 작품에서 그려진 **혼합주의 연극**은 이질적인 문
화적 재료를 창조적으로 재해석하여 새로운 구성으로 형식화하는 것으
로 귀결된다(파비스, 1996: 9). **탈식민주의 연극**은 고향 문화(전-식민주의
혹은 신-식민주의화된 문화)의 요소들을 취하여 자신의 관점에서 그것들
을 이용한다. 아프리카 연극에서 월레 소잉카, 올라 로티미Ola Rotimi, 존
클락John Clark 같은 나이지리아 극작가나 아마 아타 아이두Ama Ata Aidoo, 에
푸아 서덜런드Efua Sutherland 등의 가나 극작가는 종종 풍부하고 다양한 아
프리카 토착 형식과 식민지 시대 이전에 기원을 두고 있는 전통들에서
강렬함을 뽑아내는 유력자들의 사례로 꼽힌다(제이포Jeyifo, 1996: 157; 파
비스, 1996: 9). **제4세계 연극**은 식민지화 이전의 문화(마오리족이나 호
주 원주민, 인디언)에 속하는 작가나 연출가들에 의해 만들어진 것이다.
이 문화는 식민지배문화와의 관계 속에서 종종 소수자 문화가 되어왔다
(파비스, 1996: 10).

　　위의 범주들은 유동적이며 한 개인 연출가의 작업은 이 포부들 중

하나 이상의 특징을 가지기도 한다. 목표들은 겹쳐질 수도, 무의식적일 수도, 표현하기 어려울 수도 있다. 접근법들 사이의 경계는 어렴풋하고, 상연 작품들은 동시에 문화의 여러 양상들과 관계가 있을 것이다. 편리하게 하나의 특정한 범주에 맞아떨어지는 몇몇 사례가 있을 수 있지만, 관찰의 출발점에 따라 그렇지 않은 다른 것들도 있다. 피터 브룩의 작업에 대한 의견들이 잘 보여주듯이(예를 들어 파비스, 1996; 바루차, 1993 참조), 무엇에 대한 정의 또한 정의하는 사람에 달려 있다. 그러나 위의 범주들은 문화간 교류와 연극과 문화가 관계하는 방식에 대한 분석 도구를 제공한다.

파비스의 범주화는 상연물 전체를 포괄하는 것이어서 텍스트, 춤, 제스처, 음악, 노래, 가면, 의상 등 여러 형태의 요소들을 포함한다. 범주들 사이의 구분이 작품의 개별 요소가 아니라 전체 작품에 적용됨을 의미할 때, 그 구분들 모두가 반드시 토착 문화나 외국 문화(들)에 대한 해당 작품의 전반적인 반응들과 부합해야 한다는 뜻은 아니라는 점을 기억해야 한다. 연극번역은, 만일 문자 텍스트의 이동만 포함하는 좁은 의미에서 이해하자면, 위에서 분류한 상호작용의 형식들 중에서 단지 몇몇에만 해당될 것이다. 또한, 작품의 다른 요소들이 배제된다면 이 범주화의 유용성은 극번역연구로만 제한되어 버린다. 왜냐하면 문화간 교류에서 텍스트가 연기 스타일, 무대장치, 소도구, 조명, 음악, 배경막 등과 결합해 온 방식이 더 타당한 결론을 제시할 수도 있기 때문이다. 따라서 상연물 전체의 전반적인 의미는 간과되어서는 안 된다. 개별적인 요소들은 맥락 속에서 의미를 획득하기 때문이다. 1997년 핀란드의 헤멘린나 시립극단에서 『햄릿』이 상연되었을 때 그 텍스트는 비디오스크린과 영화 음악을 배경으로 움직이는 세 명의 배우들을 위해 1879년에 다시 쓰여진 오래된 번역본이었다. 이와 유사하게 영국의 '빙글리쉬' 상연물들은 텍스트와 그 효과를 위한 다른 요소들의 결합에 의지한다.

문화간 교류는 불가피하게 문화적, 경계적 위계와 연결되어 있으며, 다른 문화의 요소들이 선택되고 채택되는 방식에서 문화 간의 비대칭성에 대한 극 종사자들의 각기 다른 반응을 읽어낼 수 있다. 관점의 차이들은 문화간 교류에 대한 공언된 동기에서 가시적으로 드러날 것이다. 인도의 서사시 『마하바라타』 *The Mahabharata*를 제작한 피터 브룩의 작업이나 탈식민주의 연출가들과 제4세계의 작업에서처럼 말이다. 점점 더 희미해지는 문화적 경계들을 가로지르는, 관점에 따라 달라지는 문화간 교류나 협력, 탐험들은 열성주의자들에 의해 강하게 촉진되어 왔으며, 마찬가지로 그 반대자들에게 강한 비판을 받아왔다. 어떤 사람은 연극 전통들 사이의 상호작용이 문화들 간의 이해를 증진시킬 수 있다고 주장하며 이에 대한 희망과 필요를 정당화하는 반면, 다른 이들은 그런 상호작용이 낡은 문화적, 사회적, 경제적 불균형을 강화하는 또 하나의 방식에 불과하다고 여겨왔다. 문화 교류의 지지자들이 그들의 작업이 일종의 혼종화, 즉 두 문화와 두 연극 형식의 상호작용 중에 생겨난 새로운 연극 형식으로 귀결되는 점을 본 반면, 이를 주저하는 사람들은 그 속에서 옛 식민주의적 태도에 뿌리를 둔, 곱게 포장된 착취를 이어가려는 노력을 감지했을 뿐 아니라 "외국의 상징적 생산물을 지배적인 코드 속에 종속시킴으로써 그것을 재정복하려는 서양 문화의 자민족중심주의적 전략'도 감지해했다(파비스, 1996: 4, 바루차, 1993: 1-2).

완전히 다른 이러한 견해들은 문화간 연극이 외국 문화와 자국 문화 간의 일반적 관계를 지각하는 데서 뿐만 아니라, 교류하는 문화들 간의 비대칭적 입장에서도 의미를 끌어낼 수 있다는 것을 보여준다. 이러한 지적은 러스텀 바루차_{Rustom Bharucha} 같은 이들이 지적해온 바이기도 하다. 바루차는 간문화성이 인도 같은 '개발도상국'과 이와 반대로 미국 같은 기술적으로 선진화된 자본주의 사회의 사람들에게 각각 다른 의미를 가진다고 강조했다.

> . . . 겉으로 보이는 서구의 간문화주의자들이 다른 문화에 개방적으로 보이는 태도를 인정하고자 하는 한, 더 거대한 서양의 경제적, 정치적 지배가 진정한 교류의 가능성을, 부정하진 않았다 하더라도 억제해왔다는 사실은 분명하다. (바루차, 1993: 2)

연극에서의 문화간 협력에 대한 기준이 창안자나 수용자 혹은 중개상에 의해 설정된다는 사실은 논란의 여지가 없지만, 그러한 사실로 이루어진 의미는 각기 다른 극체계에 속한 관객들에게는 다르게 다가온다. 20세기 초에 인도의 파르시극단이 공연한 셰익스피어 연극의 함의는, 20세기 후반에 인도의 정전 격인 텍스트가 유럽이나 미국에서 서양 버전으로 만들어진 작품과는 분명 매우 달랐을 것이다. 그러므로 "문화간 연극은 (. . .) 직접적으로 정치 투쟁에 기여하는 것으로 자리매김할 수 없다"(파비스, 1996: 4)는 말은 일리가 있긴 하지만, 마찬가지로 문화간 연극에서 서양이 문화적인 문제에서 지배권을 넓히려는 시도를 하고 있다는 주장 또한 타당할 것이다(바루차, 1993: 2). 국가의 정체성과 독립에 대한 질문은 어떤 문화권에서는 다른 문화권에서보다 더 중요한 것이다.

텍스트 중심 연극의 전통

텍스트 중심의 연극은 단지 하나의 연극 형식일 뿐이다. 비록 어떤 전통에서는 그것이 다른 색채를 띤 다른 모든 형식들보다 훨씬 지배적이지만 말이다. 텍스트 중심의 연극은 연극 역사에서 오래된 뿌리를 가지고 있고, 고대 이래 연극 텍스트의 문화간 이동에 대한 기록은 많이 남아있다. 어떤 연극 전통에서 희곡번역은 비록 전반적인 교류의 영역에서는 한정된 의미를 지닐 뿐이지만 문화간 연극에서는 중요한 부분을 차지한다. 연극 텍스트는 구어를 사용하는 연극에서 가장 일반적인 요소, 즉 공연의 일부인 문자화된 연극 대본을 포함한 텍스트 중심 연극에서 가장 전형적인 요소이다.

희곡 번역연구는 서양 연극에 집중되는 경향이 있다. 그 이유는 언어적 요소가 아시아나 아프리카 희곡보다 구미의 희곡에서 더 중심이 되기 때문이다. 하지만, 연극의 역사에 관한 최근의 한 책에서 제시하듯이, 연극에서 언어중심주의는 진화론적으로 우월한 단계가 아니라는 점을 유념하는 것이 중요하다. 그 책에서는 사회가 더 큰 안정성과 통일성에 이르러 사냥(이나 고기잡이)에 덜 의존하게 되고 산업과 무역에 더 의존하게 될 때, 그리고 그들 사회의 독특성을 의식할 뿐만 아니라 사회적, 정치적, 군사적 자신감까지 획득하게 될 때, 점점 춤에 등 돌리고 실제로 자신들에 대한 관점을 형성하게 해주는 더 유연한 매체인 언어로 향해가는 경향이 강해진다고 주장한다(위컴Wickham, 1994: 33-34). 그래서 서양에서 지배적인 텍스트 중심의 관습은 더 진보한 연극 형태로서 설명되고 정당화되는 반면 이와 동시에 타자의 극은 덜 발달된 것으로 치부된다는 것이다. 연극 번역연구에서 초점은 텍스트 중심의 극에 맞춰져 있으며 따라서 대개 서양의 전통이 중심이 된다. 하지만 문화간 연극에서 주제는 연극체계들 사이의 상호작용의 작은 조각 이상을 담지 못한다는 사실을 주지해야 할 것이다.

연극에서 언어적 요소의 중심성은 서양세계에서는 그 뿌리가 깊다. 서양의 주류 연극 전통은 고대 그리스에 기원을 두며 텍스트로 매개된다. 이 전통에 따르면 연극은 작가의 표현물이며 배우는 작가의 도구이다. 작가 중심적인 고전극에 대한 정보가 그렇게 많은 이유는 텍스트가 살아 남아있는 덕분이다. 반면 우리는 고대 세계에서 이루어진 배우 중심적인 광대한 연극적 활동에 대해서는 거의 알지 못하는데, 이는 아무도 기록 보존에 관심이 없었기 때문이다(브라운Brown, 1995: 62). 그래서 번역학자 가 서양 연극의 문헌 기록들이 이용하기가 더 쉬운 것이다.

텍스트 중심주의에 기반해서는 연극의 전통에 대해 어떤 엄밀한 특 징화도 가능할 것 같지 않다. 서양 연극이 언제나, 어디서나 극본에만 좌 우된 것도 아니고, 동양 연극이 배타적으로 어디서나 노래나 춤, 몸짓 등 연극의 다른 수단들에만 의존했던 것도 아니다. 서양의 연극 역사에서는 내내, 때로는 좀 더 약하게, 때로는 좀 더 강하게, 구어적 요소를 전혀 사 용하지 않거나 혹은 연기를 문자 텍스트에 기초하지 않은 장르들이 있어 왔다. 예를 들어, 후기 로마제국 시대에는 극의 추세가 마임과 판토마임 을 강조하는 쪽으로 옮아갔는데,5) 배우 중심의 연극은 텍스트 중심의 연 극이 피해갈 수 없는 검열을 피해갈 수 있었기 때문이다. 중세 시대에는 이교도 희극이라는 장르가 있었는데, 이 장르의 스펙트럼 한쪽 끝에서는 대본극에 의존하긴 했지만 다른 편에서는 즉흥적인 민속극에 기반하고 있었다(브라운, 1995: 68). 르네상스기의 이탈리아는 근대 연극의 기술을 생산하는 데 독보적이었으며, 다른 나라의 연극들이 기록되거나 인쇄되 기 훨씬 전에 이탈리아 출판사들은 연극 텍스트를 출판하고 있었다. 그

---

5) 마임이라는 용어는 반드시 침묵을 의미하지 않으며, 판토마임은 한 배우가 모든 영역
   을 다 연기한다는 것을 의미한다(브라운, 1995: 62).

러나 다른 곳에 연극 단체들이 생겨나기 전에 이탈리아의 순회공연극단이 '코메디아 델라르떼'*commedia dell'arté*6)를 위한 외국 시장을 창출해가고 있었으며, 전문 연극 단체들과 대략적인 줄거리를 근거로 즉흥극으로 만든 그들의 희극이 1560년대에 나타나기 시작했다(브라운, 1995: 107-108, 125).7) 16세기에서부터 18세기 초기까지 번성했던 코메디아 델라르떼는 자체의 '시나리오', 혹은 사전에 합의된 개요가 있어서 코메디아 연기자들에게 그들의 즉흥극의 기초로서 전반적인 틀을 제공했다. 이와 비슷하게, 영국의 극은 엘리자베스 시대 이후로만 본질적으로 텍스트 중심적이었다. 엘리자베스 시대의 극에서, 문자화된 텍스트는 배우들에게 출발점을 제시하는 것으로 사용되었고, 극을 적어 내려가는 일은 19세기와 20세기의 '잘 만들어진 극'*well-made play*에서보다 훨씬 더 유동적인 과정이었다(바스넷*Bassnett*, 1990: 73, 77-78). 이런 패턴은 유럽 전역의 어떤 형식에서 반복된다. 튜사넨*Tiusanen*에 의하면(1969: 44), 17세기 중반의 핀란드 연극 공연에서 진정한 스타와 인기인은 가면을 쓴 광대들인 '라바토레스'*larvatores*였다. 그들은 대본의 등장인물 목록에는 올라 있지만 미리 쓰인 어떤 대사도 없었다. 그들은 연기와 대사 모두 즉흥적으로 만들기로 되어 있었다.

즉흥적으로 연기하는 것이 시대의 어떤 시점과 몇몇 사회들에서 나타나 서양 연극 전통의 주요 위치를 차지했던 것과 같은 방식으로, 텍스트 중심의 극이 다양한 이유에서 동양의 몇몇 사회들에서 번성하였다. 인도에서는 최초로 살아남은 연극이 기원후 1세기와 2세기에 걸쳐 나오

---

6) 16세기 이탈리아에서 시작된 즉흥가면극으로서 오늘날까지 이 형식으로 공연되고 있으며, 대부분 대본 없이 야외에서 공연됨. — 역자

7) 여행하는 순회극단은 1540년대 중반부터 조직되었다(브라운, 1995: 127).

는데, 그것들은 북인도의 극작가인 아슈바고사Asvaghosa의 작품이다. 그 작품들은 산스크리트어로 쓰였고 극 쓰기가 이 시대에 완전히 발달했다는 사실을 보여주는 것으로, 『나티야사스트라』Natyasastra(기원후 400년 경의, 세계에서 가장 오래된 극작법 텍스트로 바라타의 현자가 쓴 것으로 전해진다)에 적힌 규칙들을 따르고 있어서 연극과 희곡의 기원이 역사의 초기에 발생했음을 알려준다(브라운, 1995: 449).[8]

아시아에서 어떤 장르들의 구어극 형식은 식민지 역사를 가지고 있다. 예를 들어, 동남아시아 연극은 춤, 노래, 운동, 암송 텍스트의 복잡한 혼합이며, 이런 많은 나라들(버마, 캄보디아, 라오스, 인도네시아, 말레이시아, 필리핀)에서 언어 자체가 순수하게 구어극 형식을 지칭하는 어휘를 가지고 있지 조차 않다(브라운, 1995: 483). 그러나 베트남은 킥노이kick noi 라는 구어극 형식이 발달했는데 그 시기는 1907년에 몰리에르의 『수전노』L'Avare 번역본을 공연한 영향으로 거슬러 올라간다. 유럽의 많은 연극들이 번역되어 공연되었고 1921년에는 최초의 베트남 연극(브 딘 롱Vu Dinh Long의 『독 한 컵』A Cup of Poison이 씌어져서 공연되었다. 그 이후로 구어 극을 제작하는 많은 연극 단체들이 발달하였으며 19세기로 들어서자 서양의 영향은 특히 프랑스의 지배(1862-1945) 아래 강해졌다(브라운, 1995: 496-497). 비슷하게, 1898년 미국이 필리핀을 점령한 뒤 서양 양식이 소개되었고, 대개 노래를 포함하는 텍스트 중심의 극이 규범이 되었

---

8) 다시 말하지만, 텍스트로 매개되지 않은 초기 극을 말하는 것은 훨씬 더 많은 어려움을 준다. 기원전 140년의 문법책인 파탄잘리의 『마하바시아』Mahabhasya는 극을 구성하는 모든 요소들, 즉 판토마임, 이야기의 회화적 묘사, 스토리텔링 기술 등이 이 시기부터 존재했다는 것을 보여준다. 이는 연극의 기원을 기원전 200년에서 100년 사이의 인도에 위치시킨다. 이는 아슈바고사의 연극들보다 몇 세기 앞선 것이다(브라운, 1995: 449).

다(브라운, 1995: 494). 그래서 극번역에 대한 연구와 특히 연극번역에 대
한 연구가 거의 규칙처럼 서양의 지배적인 언어중심주의적 전통에 집중
되어 있지만, 그것은 반드시 그렇게 해야 할 필요는 없었을 것이다.

극 텍스트의 교류

서양의 텍스트 중심의 연극 내에서 텍스트는 전 역사에 걸쳐 경계를 넘
나들며 새로운 체계를 확립하는 것을 돕거나 낡은 체계에 새 피를 제공
해 왔다. 연극에서 극 텍스트의 최초의 교류는 그리스 극의 로마 번역물
로 거슬러 올라간다. 이 교류에서 토착적인 것과 빌려 온 것 사이의 경계
선은 흐릿해졌고, 따라서 이 둘 사이의 때로 매우 인위적인 구분에 대하
여 좋은 사례를 제공한다. 즉, 어디서 '원래의' 텍스트가 끝나며 '새로운'
텍스트가 시작되는지를 말하는 것이 실제로 불가능한 경우들이 있는 것
이다. 그렇지만 로마 관객들 앞에서 그리스 비극과 희극의 번역 및 각색
물을 공연한 것은 처음으로 상당히 많은 분량의 극을 한 언어에서 다른
언어로 옮긴 첫 시도인 것은 틀림없다.

로마인들에 대한 그리스 고전의 영향은 서사시와 극에서 가장 두드
러졌다. 호머는 서사시에서 엔니우스Ennius의 모델이 되었을 뿐 아니라,
리비우스 안드로니쿠스Livius Andronicus에게 원형을 제공했다. 유리피데스는
비극에서 엔니우스의 본보기이었고, 소포클레스는 아키우스Accius의 본보
기였다. '아테네신희극'New Attic Comedy의 메난드로스Menander와 다른 극작가
들은 플라우투스Plautus와 테렌스Terence의 **팔리아타**_palliatae_ 9)의 원천들이었

---

9) 로마에서는 극의 배경과 등장인물이 모두 그리스인 극이 성행했는데 이러한 극을 팔
   리아타라고 불렀다. 플라우투스는 그리스의 신희극에 기초를 둔 로마 희극 전성기의
   전기, 테렌스는 후기를 대표하는 작가이다. ─ 역자

다. 초기 극번역의 시기인 기원전 240년에 라틴 문학은 구어에서 분화해 나오기 시작했으며, 기원전 70년에 이르러 활발한 정치적, 법적 응변 활동이 특히 산문의 발전에 기여하였다. 당시 구어 라틴어는 여전히 소수 언어에 속했으며 다른 이탈리아 방언들을 장악하기 위해 분투하고 있었다(더프 & 더프Duff & Duff, 1962: 18, 85).

당시 로마인들에게 연극은 그리스의 활동이었으며, 따라서 라틴어로 쓰인 최초의 연극은 아마도 번역물이었을 것이다. 그 작가인 안드로니코스Andronikos(로마 이름은 Livius Andronicus)는 이탈리아 남부의 그리스 식민지인 타렌툼의 노예 출신으로, 카르타고와의 1차 대전 종결을 축하하기 위해 기원전 240년 로마축제[루디 로마니Ludi Romani － 역자]에 공연할 극을 써달라는 의뢰를 받았다. 통틀어, 로마인들은 수백편의 그리스 텍스트를 수입해서 번역하고 각색했다(브라운, 1995: 49-50).

그렇게 많은 수의 그리스 텍스트가 라틴어로 유입되기는 했지만, 남겨진 것은 고작 로마 공화국 시기에 남겨진 두 로마 작가의 작품뿐이다. 기원전 210-184년 사이 플라우투스Plutus가 쓴 20편의 작품과 일부분만 전해지는 한 편 이상의 극이 남아있고, 기원전 166-160 사이 테렌스Terence가 쓴 극 6편이 남아있다. 이 극들은 비록 각각의 모델은 다르지만 모두 그리스의 '원본들'에 기반하고 있다. 테렌스는 그 원본들에 훨씬 더 가까운 거리를 유지하는데, 원본들의 사실주의적 미학을 따르면서 코러스 막간극이나 독백들을 제거하여 두 편의 극을 하나의 서사로 엮었다. 플라우투스는 원본들을 더 자유롭게 다루었으며, 이는 그가 그리스 출신이 아니었기 때문에 일어난 일일 것이라는 추측이 있어 왔다. 그는 근본적으로 자신의 모델이 된 그리스 극들을 다시쓰기 했으며 자기에게 맞을 때만 그 글을 번역했다. 의상에서부터 은화에 이르는 시각적인 지시물은 모두 그리스의 것이지만, 언어는 로마어인 라틴어였으며, 신들과 법, 정치 체제를 지칭하는 데 사용된 어휘들도 라틴어였다. 플라우투스는 노예 번역자가 아니라 자유 시민 선동가였다(더프 & 더프, 1962: 124).

텍스트는 다른 텍스트를 발생시켰으며 연극의 체계를 구성하는 데 일조했다. 로마를 배경으로 한 극 장르가 이윽고 나타났지만, 지금까지 남아 있는 모든 극을 포함하여 대부분의 극들은 배경이 그리스였다. 메난드로스 같은 그리스 극작가들의 미학적 코드는 예술이 현실을 모방해야 한다는 생각에 기반하고 있었지만, 로마의 새로운 미학은 예술은 그리스를 모방해야 한다는 것이었다(브라운, 1995: 50). 그리스 배경을 돋보이게 하기 위해 전형적인 그리스적 요소들이 강조되고 강화되었다. 무대 배경을 아테네로 바꾸려는 경향에 덧붙여, 필요한 것보다 덜 그리스적으로 보이는 인물들의 이름은 다른 것으로 대체되었다. 메난드로스의『두 번의 거짓말』*Dis Exapaton*에 나오는 시로스Syros는 현란한 크리살루스Chrysalus로, 플라우투스의『바키데스』*Bacchides*에 나오는 평범한 마스코스Maschos는 4음절 복합어인 피스토클레루스Pistoclerus로 바뀌었다. 이러한 그리스 이름을 가진 그리스 인물들은 그리스 주택에서 살고 그리스 음식을 먹고 그리스 화폐를 사용했다. 때로 이 허구적인 그리스 세계는 우연찮게 노골적으로 그리스 냄새를 풍김으로써 로마 관객들의 주의를 끌곤 했다(길루라Gilula, 1989: 103).

라틴어로의 희곡번역은 로마의 모든 문학번역에서 지배적이던 행태를 따랐던 것으로 보인다. 휴고 프레드리히Hugo Friedrich(1992: 12)에 따르면, 로마의 문학번역은 일반적으로 원작의 특유한 문체와 언어의 특이성을 상관치 않고 원작을 다시쓰기 했다고 한다. 번역은 이국적인 것을 자기네 문화의 언어적 구조의 틀 안에 넣기 위한 변형transformation을 의미했다. 라틴어는 어떤 형식으로든 침해받지 않았다. 심지어 원작이 신조어의 생성, 새로운 단어 조합, 비일상적인 문체적, 통사적 창조를 통해 기존의 정상적인 관습들에서 일탈함으로써 라틴어 자체의 언어 구조를 교란시킬 때조차도 그랬다.

번역하기와 '독창적' 글쓰기 사이의 구분은 중요하게 간주되지 않았다. 연도가 알려지지 않은 비잔틴 비극인 『예수의 수난』*Christor Paschon*에서 저자는 자기 텍스트의 반 이상을 유리피데스의 연극, 주로 디오니소스의 추종자들에 대한 『바카스의 여인들』*The Bacchae*에서 따왔다(브라운, 1995: 64-65).

하지만 근대로 들어서기 전까지는 문화들 사이의 중개가 의식적인 연극 프로그램이 되지 못했다. 18세기의 마지막 30년쯤에, 괴테는 세계문학에서 가장 중요한 극들을 포함한 세계문학을 창출하는 일에 착수했다. 그는 바이마르에 있는 자신의 작은 지방 극단을 위해 국제적 레퍼토리를 개발하기 시작했으며, 그것이 유럽의 연극사에서 가장 중요한 드라마들뿐만 아니라 발전된 당대의 극들까지 포함하기를 원했다. 로마인들과 달리 괴테는 연극의 이국성을 매개하는 일에 그다지 중요성을 두지 않았지만, 그가 기꺼이 연극들에 상당히 심한 변형과 변화를 주었다는 점에서는 로마인들과 같다. 그는 이 점에 대해 쉴러로부터 열정적이고 전폭적인 지지를 받았다. 예를 들어, 그는 바이마르 관객들의 도덕적 기준과 기대를 고려하여 『맥베스』의 번역에 변화를 주었다. 괴테는 『로미오와 줄리엣』도 몸소 수정하였는데 그의 번역본은 이후의 셰익스피어 연구자들이 "놀라운 변장"이라고 말할 정도였다(피셔-리히트, 1996: 28-29). 외국극에 대한 이와 비슷한 대응은 다른 유럽 문화들에서도 관찰된다. 예를 들어, 프랑스에서 셰익스피어의 극들은 다양한 번역본들

(Ducis, 1770; Dumas, 1946; Meurice, 1864; Schwob & Morand, 1899; Gide, 1929; Bonnefoy, 1957; Mesguich, 1977)로 다시 씌어졌는데, 이는 우선적으로 극을 수용하는 극단들의 요구에 대한 반응이었다(헤일렌Heylen, 1993).

단지 어떤 극들이 괴테의 관심을 끌었던 것이 아니라, 바이마르의 연극은 전적으로 유럽의 극들로 구성되어 있었다. 괴테는 인도 극의 가치를 인정했지만 서양 관객들은 그것을 이해하지 못할 거라고 생각했다(피셔-리히트, 1996: 29). 하지만 괴테는 서양의 극일지라도 수정이 불가피하다고 여겼으며, 연극의 길이를 줄이는 것을 망설이지 않았으며 때로는 상당부분 바꾸었다. 그리하여 어떤 외국극의 공연은 문화적 트기, 두 문화에서 취한 요소들의 혼합물이 되었다. 한 문화는 그 극이 원래 유래한 문화이고, 다른 하나는 그것이 공연된 문화였다(피셔-리히트, 1989: 173).

유럽의 아방가르드 운동은 20세기의 첫 반세기에 동양에서 유래한 총체극total theatre의 요소를 흡수한 반면, 아시아의 연극들은 자신들의 전통과 다른 극 형식을 위해 서양으로 관심을 돌렸다. 중국, 일본, 한국에서 대중 민요와 인형극은 더 복잡한 드라마를 위한 극히 중요한 바탕을 형성해 왔으며, 이 세 나라의 전통은 전반적으로 문학으로서가 아니라 무엇보다 공연으로서 주목할 만한 것이었다(브라운, 1995: 465). 1868년 이후 일본이 서양에 개방된 이래로 다양한 예술가들이 처음에는 서양의 드라마를, 나중에는 서양의 사실주의 연극 스타일을 일본 극단에 소개하기 위해 무진 애를 썼다. 동시대의 유럽 드라마가 무대에 올랐는데, 특히 입센과 체홉은 인기가 있었고, 스타니슬라브스키는 권위 있는 스타일로 여겨졌다. 외국 고전들에 대한 접근법은 토착적 전통을 통해 그것들을 바라보는 것에서 완전히 이국적인, 연극에 대한 서양의 관점을 통해 조정하는 것으로 변했다. 그래서 예를 들어『베니스의 상인』은 가부키 연극 스타일로 완전히 재창조되어 제작되었고, 반면 그 뒤에『율리우스 시저』는 1901년에 처음으로 "충실하게" 번역된 서양 연극으로 나왔다(피셔-리히트, 1996: 30; 1989: 174). 셰익스피어 학자인 츠보우치 쇼요Tsubouchi Shoyo가 번역하고 오사나이 카오루Osanai Kaoru가 연출한『햄릿』은 1911년에 완전히 서양 스타일로 상연되었다(피셔-리히트, 1990a: 14). 서양 드라마의 도입으로 일본의 구어극인 신게키shingeki가 시작되었다.『햄릿』을 기획했던 문학 단체인 문예협회와 1924년에 설립된 츠키지Tsukiji 소극단은 서양의 사실주의 연극을 자신들의 모델로 삼았다. 전통적인 토착 연극 형식이 더 이상 현대 일본 사회의 문제를 다룰 수 없다고 여겼기 때문이다. 유럽에서 기원한 사실주의 연극에 의존함으로써 그들은 일본 사회의 근대화를 성취하는 데 도움이 될 모델을 상정함으로써 그것을 주도해 나가는 시도를 한 것이다(피셔-리히트, 1990a: 14). 얄궂게도, 이렇게 거부된 전통적인 일본의 연극 장르는 서양에서 열성적으로 채택되고 있었다(예를 들어, 예이츠와 노).

하지만 1960년대에 신게키는 서양 모델의 엘리트적인 모방이라 하여 거부되었고 토착 전통극에 대한 새로운 의식을 요구하는 소극단 운동이 시작되었다. 이것은 일본의 연극 전통에로의 배타적인 회귀를 옹호하는 것도 아니었고, 서양의 극을 완전히 부정하는 것을 목표로 삼지도 않았다. 그렇지만 이 운동은 서양 연극이 일본 사회와 정확한 관련성이 있다는 이데올로기에 대해 비판적이었다(피셔-리히트, 1989: 175).

소극장 운동 중 가장 두드러지고 영향력 있는 대표적 사례들 중 하나는 타다시 스즈키Tadashi Suzuki가 이끄는 토가 스즈키극단이다. 한 예로,

스즈키는 1970년대 중반에 그리스 비극으로 선회했고, 1980년대 말에는 체홉과 셰익스피어를 제작하기 시작했다(피셔-리히트, 1996: 33). 스즈키는 서양 극에서 시작하여 서양과 일본 극의 전통적 요소들로 특이한 혼합물을 만들어 내었다. 텍스트는 서양 연극 내에서 차지하던 지위를 더 이상 가지지 못했는데, 예를 들어 체홉의 텍스트『세 자매』는 길이가 짧아지고 대사의 반 이상이 잘려나갔다. 네 막이 열 개의 장면으로 수정되었으며, 스즈키는 극 중 인물 중 안드레이만 빼고 남성인물 모두를 한 명으로 통합했다(피셔-리히트, 1989: 175-176).

현대 서양극은 20세기 초에 일본에서 중국으로 소개되었으며, 일본 연극은 일본에 살고 있는 중국의 학생들과 정치적 망명자들에게 지대한 영향을 끼쳤다. 1906년, 리 쉬솽Li Xishuang은 구어극을 중국에 소개하는 것을 목적으로 하는 봄버들 학회Spring Willow Society를 설립했고, 이 극단은『엉클 톰의 오두막』,『동백꽃의 여인』,『토스카』를 극으로 만들었다. 이후 1920년대와 1930년대에 입센과 오닐이 소개되었으며 중국 극작가들이 글쓰기에 서양극의 원리들을 적용하기 시작했다. 그들은 이것이 화극(話劇)huaju 혹은 구어 극으로 불리는 현대극을 표현하는 유일한 방법이라 믿었다. 화극은 노래와 춤을 요구하는 전통적인 중국 연극에 반대되는 것으로 여겨졌다(피셔-리히트, 1990a: 14; 주올린Zuolin, 1990: 183-184).

일본에선 신게키 옹호자들이 서양 극의 도입으로 사회 - 역사적 변화가 일어날 것이라 믿었으며, 이와 비슷한 관점을 중국 연극이 서양 전통의 요소들을 흡수해가는 방식에서도 감지된다. 20세기의 첫 십년 간 1911년 제국왕조의 몰락과 함께 중국 역사에서 거대한 정치적 융기와 공화국 설립이 진행되었다. 변화 가능성에 대한 의식과 변화의 필요에 대한 인식이 새로운 문화 운동의 성장을 위한 길을 닦았다. 낡은 제도는 도전받았고 연극 종사자들은 서양의 연극, 특히 셰익스피어 극들에서 인간성, 평등, 자유라는 새로운 이념들을 발견했다. 그 결과 셰익스피어는 즉각적이고 적절한 연극의 대안이 되었다. 이 세기의 초반 30년 동안 20편이 넘는 셰익스피어 극들이 공연되었다. 최근 시대의 공연물들이 새로운 구어극의 형식을 확장 또는 발전, 소개할 때까지 전통적인 중국 오페라를 풍부하게 하는 모델로서 셰익스피어 극을 수용하는 것에 대한 관심은 점점 높아갔다. 그런 공연물 중 하나가 중국을 배경으로 한『맥베스』의 곤극kunju opera 번안물이다(웨이지에Weijie, 1990: 161, 164-165). 1949년 이전의 셰익스피어 공연물들은 셰익스피어보다는 일반적인 구어극의 개념에 더 관심을 기울였지만, 1950년대의 셰익스피어 공연물들은 오직 무대 위에 셰익스피어와 엘리자베스 시대를 표현하는 데 관심을 가지면서 관객들이 셰익스피어를 엘리자베스 시대의 극작가로서 바라보도록 했다. <안토니와 클레오파트라>(1984)는 셰익스피어 공연물의 변화를 두드러지게 보여준다. 1980년대에 셰익스피어는 현대 사회에서 적실하고 시사적인 것으로 제시되지만 이는 중국 연극이 자체의 특징적인 성격들을 유지하고 있는 형식 내에서만 그러했다. <곤극 맥베스>는 아마도 셰익스피어 텍스트의 특별한 성격은 여전히 존중하면서도 전통 중국 연극이 가진 잠재력으로 되돌아가자는 주장의 절정이었을 것이다. 1980년 후반의 5년 동안 중국의 전통 형식을 재활성화시키려는 목적에서 셰익스피어를 전통 중국 연극으로 각색하려는 움직임이 몇 차례 있었다(웨이지에, 1990: 166-167).

제3세계 국가에서는 문화 요소들 간의 결합이 서양이나 일본 문화에서 주어진 것과는 근본적으로 다른 가치를 부여받았다. 서양과 일본에서 그것은 자신들의 문화를 확장해나가려는 의도적인 욕망의 결과로 비칠 것이었지만, 제3세계에서는 식민화의 결과였다. 제 3세계에서는 그러한 결합이 이식된 외국의 전통들이 점차적으로 제거되는 일종의 과도기로 더 빈번하게 기능했다(피셔-리히트, 1996: 35). 예를 들어, 인도와 아프리카에서 연극의 간문화성은 유럽과 극동의 일본과는 중대한 차이가 있었는데, 왜냐하면 그것이 직접적으로 유럽인들에 의한 식민화와 관련되었고 따라서 자유로운 선택의 결과가 아니기 때문이다. 서양 연극은 제3세계에서 식민지 본국 사회의 모델로 소개되었으며, 식민화의 도구로서 원주민의 의식에 이식되었다(피셔-리히트, 1990a: 15). 19세기의 반세기 동안 인도의 연극은 외국 멜로드라마에 강하게 의존하였다. 파르시극단은 영국인과 파르시 족, 그리고 다른 영어 교육을 받은 인도인들이 어울려서 영어 연극들을 만들었던 봄베이극단에서 발전된 것인데, 이 극단은 1940년까지 북인도를 순회하면서 전면 무대는 자기들 식으로 만들어서 정기 공연을 하고 배경막은 영국 극장을 모방하여 그렸다. 또한 폭풍이나 전투신, 폭발 등 공상적인 장면 효과나 모든 필요한 기계 장치들, 장엄한 의상이나 화장, 전면 커튼, 평면 배경그림, 연극의 시작과 마지막에 나오는 코러스 노래도 서양에서 가져왔다. 셰익스피어는 파르시극단뿐 아니라 마라타니와 벵갈의 무대들에서도 지속적인 레퍼토리였으며, 1934년에는 여러 가지 언어로 번역된 200편 이상의 셰익스피어의 각색본이 인도에 있었다고 한다(피셔-리히트, 1990a: 15; 룸바, 1997: 118). 식민지 아프리카의 학생들에게는 서양 모델을 따라 모양을 갖춘 유럽 희곡을 공연하라는 것이 권장되었다. 아프리카의 전통은 외국 모델의 학습과 내면화를 용이하게 하기 위해 부분적으로만 언급되었다. 게다가 그 학생들은 유럽의 모델에 따라 자신들의 희곡을 쓸 것을 요구받았다(피셔-리히트, 1990a: 15-16).

현대 서양(유럽-미국) 연극에서, 간문화성은 두 가지 주요 형태를 띤다. 대다수 나라들이 참여하는 텍스트의 교류가 있었고, 또한 주로 다양한 동양의 연극들에서 채택했던 전반적인 공연 전통을 포함하는, 좀 더 큰 연극 틀이 있다. 우리는 어떤 개별 언어가 번역을 당하거나 번역이 되는 텍스트의 수가 상당히 차이난다는 점에 비추어, 연극 텍스트의 이동이 대체로 서양 내에 머물러 있으며, 또한 이것이 문화적 위계 의식과 밀접한 관련이 있다고 가정할 수 있다. 예를 들어 1996/97년도 핀란드의 연극 레퍼토리에서 182편의 번역극 텍스트 중 단지 세 연극(남미, 일본, 멕시코)만이 서양 연극 외부에서 나온 반면, 30편의 연극이 영국과 미국의 것이었다. 모든 문화권이 외국의 연극 텍스트를 원천으로 하여 동일한 대중적 인기를 누리는 것도 아니며 또한 모든 문화에서 번역극에 대해 동일한 필요성을 느끼는 것도 아니다.

동서양의 교류에서는 문화적, 경제적 위계로 인해 빈번하게 그 협력 과정에서 조건이 붙는다. 바루차(1993: 240)는 간문화성이 구미 극단의 어떤 그룹들 사이에서 하나의 트렌드 같은 것이 되었는데, 여기서 서양의 연극 종사자들은 새로운 연극 표현을 찾으려는 20세기 초의 아방가르드 운동의 전철을 따른다고 주장한다. 이것은 종종 일방적인 운동으로서, 어떤 학술 단체 혹은 문화 단체가 다른 문화와의 만남을 촉진시키는 형태이다. 이러한 단체들은 대부분이 서양에 위치해 있으며, 사람들이 여전히 기본적인 생필품을 마련하느라 급급한 세계의 지역들의 조사에 필요한 자금을 가지고 있다.

연극 전통의 차이는 동양과 서양의 연극 교류를 촉진하기도 하고 방해하기도 해왔다. 유럽의 아방가르드 운동(1900-1940)은 교류를 촉진했던 하나의 사례로서, 텍스트 중심의 연극에 등을 돌리고 다른 장면 요소들을 사용하는 것으로 나아갔다. 이 사조는 영감의 원천으로서 동양에 매료되었으며 언어에 집착하는 서양의 연극에 스스로 거리를 두기를 원했다. 크레이그Craig, 아르또, 타이로프Tairov는 유럽 연극에 다시 활기를 주는 데 관심이 있었고 대체로 연극 미학 때문에 외국의 연극 문화를 참조했다(피셔-리히트, 1996: 30-31). 크레이그는 '가면'이 아프리카와 아시아의 연극에서 사용되었기 때문에 그것을 좋아한다고 말했으며, 메이어홀드Meyerhold, 타이로프, 아르또와 같은 입장에서 일본, 중국, 발리 연극에 기반하여 비문학적 연극관을 다졌다. 예이츠와 브레히트는 새로운 종류의 드라마투르기를 제시하면서 일본의 노에 관심을 기울였다. 유럽의 아방가르드가 연극에서 성취한 가장 심대한 변화는 문학적, 심리적 사실주의 환상 연극에 반대하는 것이 목적이었으며, 그들은 문학 텍스트와 언어의 지위, 공연 예술, 공간의 개념, 청중 지각의 질에 직접적인 영향을 끼쳤다(피셔-리히트, 1990a: 12-13).

다른 연극의 전통 역시 반대에 부딪히고 관심을 끌지 못할 수 있다. 예를 들어 구미의 주요 연극 흐름이, 원칙적으로, 공연의 한 요소로서 텍스트에 심대하게 의존해왔기 때문에 텍스트가 그 같은 기능을 충족시키지 못하는 외국의 어떤 희곡을 받아들이는 데 어려움을 겪었다. 오늘날 중국 희곡에 대한 관심이 적은 이유 중 하나는 드라마 텍스트의 지위에 대한 시각과, 중국의 연극 텍스트가 아주 느슨한 공연 틀작업에 불과하다는 사실 때문일 것이다(기센베러Gissenwehrer, 1990: 152).

2.

연극번역의 이론화

연극체계 사이의 텍스트 이동에 관한 연구에는 학제적 연구의 틀이 요구된다. 따라서 드라마 번역과 그 결과물은 번역연구, 극연구, 문화연구, 문학연구, 커뮤니케이션연구, 언어연구와 같은 많은 학문들이 대두되는 배경에 기댈 때 가장 잘 분석되고 이해될 수 있다. 이런 모든 학문들은 연극 텍스트가 문화적 경계를 넘을 때 발생하는 일에 대한 연구에 그들의 특수한 통찰을 제공하게 된다.

이 연구는 문화체계와 극단체계가 외국의 연극 텍스트와 서로 다른 번역전략을 가진 잠재적 중개자를 이용할 지도 모를 다양한 방식에 집중하고 있기 때문에, 다음과 같은 가정에서 출발한다. 즉, 텍스트는 그것의 번역에서 자동적으로 반복되거나, 혹은 반복되어야 하는 어떤 내재적인 고정된 독법이 없다는 가정이다. 각각의 독법은 기표들 사이의 관계와 차이들에서 발생하기도 하지만, 또한 기표들과 독자/관객 간의 상호작용에서도 발생한다. 독서는 항상 맥락 발생적이며, 따라서 번역된 텍스트의 담화와 그것들의 언어적, 사회문화적, 연극적 맥락 간에는 상관관계가 존재한다.

의미의 생산

인간의 모든 상호작용은 번역을 수반한다. 번역은 서로 다른 인격들 사이의 상호작용에 중요하며, 서로 다른 지리적, 사회적 언어 다양성 사이에서 필요해진다. 번역은 다른 두 언어 간 상호작용에서 본질적인 부분이다. 모든 번역은 이후 새로운 텍스트로 진행되어 갈 독서의 구성을 포함한다. 마찬가지로, 저자로서의 번역자들은 번역될 텍스트에 대한 자신들의 독서에 기초하여 텍스트를 생산해 낸다. 그래서 번역연구는 다른 번역자나 저자가 읽은 것에 대한 번역자의 독서를 다시 연구자가 읽은 독서로 구성된다. 번역자와 저자가 어느 정도까지 명확히 분리 가능한 범주로 존재하는지, 아니면 그들을 밀접하게 연관된 종(種)으로 보아야 하는지에 대해선 논란이 많다.

단지 이론적으로나마, 어느 텍스트가 현미경 아래의 바이러스처럼 고립될 수 있다 할지라도, 그 텍스트의 의미는 여전히 그것을 바라보는 눈 속에 들어 있다. 그 눈이 누구의 눈인가가 차이를 만드는데, 텍스트 자체는 의미를 부여할 힘이 없기 때문이다. 의미는 고립 속에서 발생하지 않는다. 어떤 다른 글쓰기 형식보다도 더 번역에서, 의미는 여러 가지 다른 체계(혹은 제도)의 방언들 혹은 담화들이 힘을 겨루는 문화의 교차로에서 형성된다. 언어는 인간 경험의 복수성을 만들어내므로 어떤 내재적 의미의 부재는 의미의 다수성으로 대체된다. 헤아릴 수 없이 많은 방향으로 분기하는 이러한 끝없는 의미 사슬 속에서 독자들은 자신들의 특정한 사회적, 문화적, 체계적 또는 제도적 방언들의 맥락 속에서 들어갈 틈을 찾아 텍스트를 자신의 것으로 만든다.

독자들은 텍스트로 속으로 옮겨 들어가 잠시 그곳을 차지한 세입자들이다. 극장에는 많은 세입자들이 있고 따라서 딱 그만큼 많은 의미들이 텍스트에서 취해진다. 그러니까 극장의 관객과 연구자들은 저자의 세상에 대한 독서에 대해 번역자의, 연출자의, 배우의, 조명 및 음향 기술자의, 의상 및 무대 디자이너의 독서라는 자신들의 독서를 구성해낸다. 즉, 의미에 대한 의미에 대한 의미인 것이다. 텍스트 속으로 들어오는 모든 세입자들은 수많은 방식으로 텍스트를 자신의 것으로 만들며, 그 중 단 몇 가지만이 번역학자의 돋보기를 통해 연구될 수 있다. 그 학자는 단지 눈에 띄는 것을 기록하며 그 속에서 그/녀 자신의 의미를 읽어낼 수 있을 뿐이다.

연극 종사자들은 짧은 순간 동안 세입자로 텍스트를 점유한다. 번역에서 문화적, 사회적, 연극적, 언어적 체계는 내내 번역자를 통해 작용하며 이런 식으로 번역될 텍스트의 점유 기간이 결정된다. 이 모든 방문이 한때 '원본'이 생성될 때와 마찬가지로 새로운 텍스트들을 생성해 내는 것이다. 옥타비오 파스Octavio Paz는 이를 다음처럼 표현한다.

그 어떤 텍스트도 완전히 독창적일 수 없다. 왜냐하면 언어 자체가 그 본질에서 항상 하나의 번역이기 때문이다. 먼저 비언어적 세계의 번역이며, 또한 각 기호와 각 문구는 다른 기호와 문구의 번역인 것이다. 그러나 그 역도 전적으로 타당하다. 모든 텍스트는 독창적이다. 왜냐하면 각 번역은 자신의 구별적 특성을 가지기 때문이다. 각 번역물은 어느 정도 하나의 창

작물이며 그래서 독특한 텍스트를 이룬다. (파스, 1992: 154)

번역과정이 끝날 즈음 다른 텍스트, 즉 원천 텍스트가 새로운 텍스트, 즉 번역물에서 차지하는 비율을 가늠할 수 있게 된다. 하지만 '이전의' 것에 대한 '새로운' 텍스트의 비율은 체계에 따라 다르고 시대의 시기에 따라 다르다. 번역 텍스트를 원천 텍스트와 비교하면 몇몇 의미구성을 찾아볼 수 있다. 그것은 원천 텍스트의 저자에 의해 수행된 것과 다르지 않지만, 텍스트가 문화적, 언어적 경계를 넘을 때 텍스트의 의미의 다수성은 강화된다.

의미구성은 무작위적인 과정이 아니며, 틀림없이 서로 다른 개인들의 독서에서 어느 정도의 차이가 있을 테지만 텍스트가 서로 관련된 문화체계 안에서 이동하는 한, 적어도 공시적으로 그리고 빈번하게 통시적으로, 지배적인 주제에 대해 어떤 합의점을 발견하는 것은 여전히 가능하다. 지배적인 독서는 수년간에 걸쳐 발생할 수 있으며, 적어도 어떤 시대나 어떤 문화에서는 고정되고 굳어질 수 있다(알토넨, 1996: 33-34, 54도 참조).

번역은 항상 원작의 변형을 내포하며, 원본은 새로운 언어에서는 결코 재등장하지 않는다. 하지만 원본은 항상 존재한다. 왜냐하면 번역은 원본에 대해 말하지 않으면서 그것을 끊임없이 표현하거나, 아니면 원본을 전환시켜 비록 다 다르지만 그것을 재생산해내는 언어적 대상으로 만들어버리기 때문이다(파스, 1992: 155). 무대 위에서 텍스트의 시간공유란 새로운 세입자들이, 개인으로서가 아니라 그들의 사회적, 문화적, 연극적, 언어적 맥락의 테두리 안에 있는 자로서, 텍스트로 옮겨 들어가 그것을 자기 소유로 만들어 버리는 것을 의미한다. 공연을 위한 번역 작업에서 가장 직접적인 영향과 통제를 행사하는 것은 연극체계이다. 그렇게 연극체계는 자국의 것이든 외국의 것이든 여러 텍스트들로 이루어진 자기 레퍼토리에 번역 텍스트를 통합함으로써 새로운 요소를 획득하게 된다.

연극체계

번역 활동과 번역상의 판단 결정을 인도하는 체계의 담화 혹은 방언을 파헤치기 위해 우리는 어떤 맥락적 요소와 텍스트 생산 간의 의존관계에 초점을 맞출 필요가 있다. 그러한 분석에 대한 유용한 이론적 틀은 (다)체계 이론(poly)system theory에 의해 제공되는데, 이 이론은 기디온 투리Gideon Toury(1980), 이타마르 에벤-조하르Itamar Even-Zohar(1990), 앙드레 르페브르 André Lefevere(1992)가 가장 완전하게 발전시키고 다른 많은 학자들에 의해 풍성하게 확장되었다. 번역 텍스트연구에 대한 위의 학자들이 제안한 접근법들은 서로 보완적인데, 에벤-조하르는 문학 내적 관계를 강조한 반면, 르페브르는 무엇보다 문학 외적인 연결에 집중한다. 번역연구에서 기데온 투리의 기여는 번역의 규범과 관례에 대한 연구이다.[1]

체계는 단단한 구조물이 아니며, 에벤-조하르와 르페브르는 모두 체계를 그 경계가 오직 모호하게만 정의되는 열린 구조로 간주한다. 르페브르(1992: 12-13)의 이론의 틀에서 문학체계는 대상(텍스트)과 그것들을 읽고 (다시) 쓰는 인간 행위자로 이루어지는 인공의 체계이다.[2] 다시쓰기 rewriting를 거쳐 문학 작품들이 다양한 목적에 따라 조작되긴 하지만 체계는 독자와 (개)작가들(re)writer에 대한 일련의 제약으로 작동한다. (개)작가

---

1) 나는 알토넨, 1996: 50-52에서 체계 이론을 연극번역의 틀로서 논의한 바 있다.

2) 개작은 번역, 역사지리학, 선집 작업, 비평, 편집과 같은 활동을 포함한다(르페브르, 1992: 9).

들- 번역가, 역사가, 선집 편찬자- 은 출생이나 입양에 의해 자신의 것
이 된 문화의 경계 안에 남아있는 것이다. 그들은 이러한 제약들에 의해
제한된 기준들 안에 머물기를 선택할 수도 있고, 아니면 그 제약들 바깥
에서 움직이기를 선택할 것이다. 번역자들은 고립된 개인으로서 움직이
지 않는다. 그보다 그들의 작업은 자신들의 번역작품을 제출하는 바로
그 체계의 안과 밖 양면에서 오는 영향에 지배받는다. 번역가들의 번역
가로서의 생존은 그 혹은 그녀가 그 체계의 관례를 얼마나 기꺼이 따르
는지와 그 체계가 일탈을 얼마나 참을성 있게 봐주는지에 달려있다.3)

르페브르(1992: 14-15)는 문학체계가 사회를 구성하는 다른 하위체
계들 밖으로 너무 멀어지지 않도록 보장하는 이중의 통제 요인이 있다고
주장한다. 첫 번째 요인은 두 번째 요인에 의해 설정된 척도들 안에 있는
내부로부터 문학체계를 통제하려고 한다. 그것은 비평가, 논평자, 교사,
번역가 같은 전문가들로 구성되어 있는데, 이들은 때로 특정한 문학작품
의 자유를 제한하기도 할 것이며, 종종 문학 작품이 특정 시대의 시학과
이데올로기에 적합하다고 판단될 때까지 그것들을 다시쓰기하기도 할
것이다. 두 번째 요인은 후원제도로, 이것은 보통 문학의 시학보다 문학
의 이데올로기에 더 관심을 갖고 있어서 시학과 관련된 부분은 전문가들
에게 권한을 위임한다. 대체로 후원자들- 민간단체, 종교단체, 정당, 사
교계, 출판사, 언론매체- 은 적어도 문학의 배포만은 규제하려고 설립된
기관들- 학술단체, 검열당국, 비평 잡지, 교육기관- 을 수단으로 활동한
다. 후원제도는 상호작용하는 세 가지 요소로 이루어진다. 이데올로기적
요소는 형식과 내용의 선택과 발전을 관장하고, 경제적 요소는 후원자들

---

3) 어떻게 규범과 관례들이 번역전략의 선택을 지배하는지에 대한 논의로 알토넨, 1996:
   52-56, 64-68을 보라.

이 제공하는 경제적 보상체계를 의미하며, 마지막으로 지위 요소는 특정 단체로 통합되게 한다.

르페브르의 관심이 주로 문학체계에 있긴 하지만 그의 모형은 연극체계에도 적용된다. 예를 들어, 후원제도, 사회적 여건, 경제, 제도적 조작 같은 사회문화적 체계의 제약이 번역작품을 선정하고 빚어내는 다양한 방식에 대한 그의 분석은, 비록 어느 정도는 문학체계의 요소들과는 다른 체계적 요소가 있긴 하지만 연극에도 확대될 수 있다. 연극번역에 물질적 기반을 제공하는 연극체계는 그 자체로 하위체계들, 즉 주류 극단과 변두리 극단뿐 아니라 다양한 생산자와 소비자 하위체계들로 구성된 복잡한 네트워크인데, 이들 각자는 모두 번역극 텍스트의 담화에 대하여 자신들의 기대와 선호를 가지고 있다. 이러한 우산체계 혹은 제도4)의 테두리 안에서 상연을 위한 텍스트를 준비하는 개작가들의 업무는 문학체계내의 업무와는 다소 다르다. 개작가들의 수가 더 많기 때문에 업무는 다른 체계 사이에서뿐 아니라 그 체계 내에서도 서로 다를 수 있다. 극작가, 번역가, 무대 감독, 의상 및 무대 디자이너, 음향 및 조명 기술자뿐만 아니라 배우들까지 이들 모두가 그들이 연극 텍스트 안으로 들어가 그것들을 자기 것으로 만들면서 연극 텍스트의 창작에 기여하는 것이다. 상연을 위한 무대에 받아들여지는 문자화된 외국 텍스트는 몇 번의 손을 거친 후에야 구어적 요소가 압도적인 무대에 도달하게 된다.

모든 번역에서처럼 연극번역에서도, 번역 완성물의 담화가 재현하는 코드들은 연극체계뿐 아니라 이를 둘러싼 사회, 문화, 언어체계로부터

---

4) 예를 들어 아니 브리세(1996: 4)는 문학 협회의 가시적인 물질적 기반을 기술하면서 "제도적 장치"라는 용어를 사용한다. 그녀는 연극에 제작 시설, 프로그래밍, 연출 감독, 무대 디자이너, 배우, 출판업자, 비평가, 상과 특전, 연수 프로그램을 포함시키고 있어서 내가 사용하는 '연극체계'의 개념과 상당한 유사점을 지닌다.

나오는 목소리들이며, 그 체계들은 모두 표현의 통로를 찾기 위한 그들 나름의 이유를 가진다. 그 결과, 이러한 체계들이 그 번역 작업을 지지하는 것은 오직 그것이 그들의 자극에 충분히 반응하는 것으로 보일 때뿐이다.

연극번역의 담화는 전체 문화체계의 담화의 일부이다. 그러므로 집단의 영향 아래 있는5) 연극번역의 담화는 연극체계 속에서 번역가, 예술 및 무대 감독, 비평가, 논평자 등 전문가들에 의해 통제된다. 이들은 또한 다양한 조직의 방언들을 대표하는 사람들로서 담화들의 동시적 통일에 기여한다. 연극체계 바깥에서 기능하는 후원자들은 안정성을 유지하면서 또한 이데올로기적, 경제적, 지위적 요소와 문화적 일관성을 유지하는데, 여기에는 연극 위원회 또는 다양한 시나 주의 관청, 즉 필요에 따라 텍스트의 독서, 쓰기, 다시쓰기를 더 진행시키거나 방해할 수 있는 요소들이 포함된다.

연극체계들과 그 하위체계들은 외국 텍스트를 개작하거나 번역하는 일을 책임지는 전문가를 선택하는 방식이 각각 다르다. 어떤 곳은 두 가지 범주의 번역가들을 채용한다. 즉, ‘직역’(고립된 것이기라도 한 양, 도착언어의 단어들로 텍스트를 쓰는 것을 목표로 하는 번역)을 하는 사람들과 이 직역을 기초로 무대용 버전을 쓰는 사람들(고립을 깨고 나와 텍스트를 연극체계로 옮기는 것)이다. 또 다른 체계들은 텍스트의 최종 무대용 버전을 책임질 극작가들을 활용하기도 한다. 대개 상업적인 이유로, 어떤 체계들은 일차적으로 번역에 명성과 지위로 기여하지만 무대용 버

---

5) 문화는 우리의 표상, 감정, 활동을 특징짓는 특정한 굴곡들의 형태를 잡는 것이라 할 수 있다. 요약하자면, 그리고 일반화시켜 말하자면, 우리의 정신활동의 모든 면과 심지어 집단의 영향 하에 있는 우리의 생물학적 유기체의 모든 면까지 포함한다(카미유 카미레리, 1982: 16, 파비스 1996: 3 인용).

전을 쓰는 데 참여하기도 하는 대리 번역자를 채용할 수도 있다.

극단체계는 단단한 구조물이 아닌 살아있는 유기체로서 그것의 가장자리는 끊임없이 다른 체계로 융화되어 간다. 그것은 주변 맥락들에서 나오는 담화에 반응하며, 종종 그러한 맥락들을 창출하는 데 적극 참여한다. 연극체계는 획일적 구조물이 아니라 다양한 하위체계들로 이루어진 다각화된 집적물이다. 각각의 하위체계들은 자체의 생명력을 가지고 있으며 그들의 번역에 특정한 담화를 채택할 그들만의 이유를 가지고 있다. 그래서 연극번역의 운용은 내적, 외적으로 문화적 연결망과 사회적 연결망들의 코드들에 의해 지배되며, 이러한 코드들은 연극의 하위체계들과 보다 큰 문화적, 사회적 체계 간의 연결고리로 작동한다. 전반적으로, 상업적 요인과 권력성 요인 같은 고려사항들은 용인된 행위를 정의하는 체계의 규범과 관례를 만들어가는 것과 관련된다(알토넨, 1996: 54-55를 보라).

서문에서 언급했듯이, 연극 텍스트는 드라마 텍스트와 반드시 같은 것을 의미하는 것이 아니며, 그 둘은 어떤 경우에는 서로 다른 체계의 목적이나 요소로서 기능하거나 다른 체계의 관례에 의해 지배될 수도 있다. 그러므로 두 체계의 소속성에 대한 구별은 연극에서 사용된 드라마 텍스트를 '연극 텍스트'라고 부를 때 생겨난다. 이처럼 하나의 용어로서 '드라마 번역'에는 문학과 연극 시스템 모두를 위한 번역 작업이 포함되는 반면, '연극번역'은 연극체계에만 국한되어 있다. 그러나 연극번역은 다른 문학장르가 극장 공연용으로 각색될 때 드라마 번역 너머로 확대될 수 있다. 다음 절에서는 이 둘 간의 구별을 좀 더 자세히 논의할 것이다.

드라마와 연극

드라마 텍스트가 주된 기능을 하기 때문에 자신들의 창작과 유통, 수용의 척도를 결정짓게 되는 두 체계, 연극체계와 문학체계는 더 큰 문화적, 사회적, 경제적 체계 내에 속하며, 어떤 텍스트가 어떻게 두 체계 속에 위치하게 되는가는 역사적 변수와 장르적 변수에 달려 있다. 텍스트는 두 체계 모두에 속하거나 하나에만 속할 수 있으며, 한 체계에서 다른 체계로 옮아갈 수도 있을 뿐 아니라 두 체계들 안팎으로 움직일 수 있다.

드라마 텍스트가 문학체계와 연극체계와 맺는 양면적 관계는 '드라마'라는 말이 문자 텍스트와 연극 공연 모두를 지칭하는 데서 나타나며, 이러한 이중적 체계에의 소속은 더 이상 공연되지 않거나 아마 결코 공연되지 않을 드라마(서재극)가 있다는 사실과, 문자화된 작품에 기대지 않거나 공연 뒤에 어떤 텍스트의 출판이 이루어지지 않는 그런 공연(코메디아 델라르떼 연극과 같은 즉흥극)이 있다는 사실로 인해 훨씬 더 복잡해진다. 마지막으로, 텍스트는 공연의 결과물일 수도 있다(베르톨트 브레히트는 자신의 극본을 공연이 끝난 후 수정한 것으로 알려져 있는데, 따라서 극본을 '끝내는' 데 여러 해가 걸렸다고 한다).

이처럼 드라마와 연극, 즉 문학 텍스트와 연극 공연은 다양한 방식으로 서로 연관될 수 있다. 연극체계가 반드시 음성적 요소를 그 공연에서 사용하는 것은 아니며, 문자 텍스트는 어떤 연극 공연에 대해 다양한 관계 속에 자리할 수 있다. 코프잔Kowzan(1985: 1-2)은 이 중에서 문자 텍스트와 공연 사이에 존재할 수 있는 세 가지 유형을 구별하였다. 첫째, 음성언어로 공연되고 발성과 최소한의 얼굴 마임을 포함하는 어떤 문자 텍스트는 일종의 연극으로 보여주기로 간주할 수 있다. 여기서 텍스트는 처음부터*a priori* 존재한다. 연극번역에서 관심의 초점은 대개 이런 범주에 속한 문자 텍스트에 맞추어져 있다. 둘째, 문자 텍스트로부터 말을 사용하지 않는 공연(이른바 무대 지시문이나 무언극의 출발점으로 사용되는 텍스트, 발레나 마임의 시나리오), 혹은 대화나 독백이 없는 극을 위한 텍스트로의 이행 단계가 있다. 텍스트 자체가 비음성적으로 연출된다. 러스텀 바루차가 프란크 크사버 크뢰츠_Frank Xaver Kroetz_의 『리퀘스트 콘서트』 _Request Concert_ 6)를 가지고 아시아의 5개 도시에서 행한 실험(바루차, 1993: 91-161 참조)은 이런 범주에 속하는 문자 텍스트와 공연 간의 관계를 잘 보여준다. 여기서 문자 텍스트는 보통 번역학자들의 관심을 끌지 못하며 (저자의 의견이나 무대지시문에 가까우므로), 그것은 번역연구보다는 연극연구의 테두리 속에 놓인 것으로 간주되는 것 같다. 셋째, 공연에서 발화가 수반된 경우, 사후에_a posteriori_ 적어둔 구두 텍스트가 문자 텍스트로 만들어졌다. 예를 들면, 셰익스피어의 연극은 이런 관계를 나타낸다.7) 이 범주는 연극번역을 하는 학자들에게 자료를 제공하지만 오직 문자 텍스트가 존재하게 된 이후에만 그렇다. 공연은 또한 발화 없이 진행되었을 수도 있는데, 이 경우 그 공연은 다소 신뢰할 만한 정도로 기술되었을 것이고 이렇게 해서 무대 위에서 공연된 연기의 음성적 부분에 해당하는 문자 텍스트가 만들어졌던 것이다.

글로 쓰인 드라마 텍스트는 연극체계 밖에서 기능을 할 수 있고 이와 반대로 연극체계는 그것들 없이도 기능할 수 있다. 코잔은 드라마의 개념을 확대하여 전반적인 연극 공연물(발레나 판토마임)을 포함하였고,

---

6) 이 작품은 직장인 독신여성이 일을 마치고 집에 돌아와 잠들기 전까지의 시간을 대사 한마디 없이 담담하게 보여준다.

7) 출판된 판본 중 일부는 그 자신의 '지저분한 종이들'이나 신속한 복사물에 기반하고 있다고 생각되며, 이 둘 모두 공연보다 시간상 앞선다. 어떤 다른 작품들은 『햄릿』의 예에서처럼 사후적이다.

다른 이들(예를 들어, 에슬린, 1980: 14)은 연극 공연물을 다른 매체에 포함시킴으로써 그 목록을 보완해 왔다. 그래서 연극과 드라마에서 복잡성은 피할 수 없는 특성으로 보이며, 주제에 따라 연구자들은 자신들의 연구결과에 대한 타당성을 획득하기 위해 자신의 초점을 좁혀야만 한다.

어떤 문화에서는 문학 드라마와 무대 드라마를 서로 분리하여 종종 드라마 텍스트 대부분을 연극체계에만 한정시기도 한다. 이러한 예는 핀란드에서 발견되는데, 여기서 어떤 결정은 (의식적으로건 무의식적으로건) 16세기에서부터 현재에 이르는 핀란드 작가들에 대한 포괄적인 참고 작품인 『핀란드 작가 1500년대부터 현재까지』*Suomalasia kirjailijoita 1500-luvulta nykypäivään*에 따라 내려진다. 이 책은 1994년 오타바 출판사에서 출간한 것으로, 이 책에서 거론한 700명의 작가들 중에서 극작가들은 거의 완전히 배제되고 있다. 그 결과 다른 장르를 작품에 포함하지 않은 드라마 작가들은 거의 찾아볼 수 없다. 이러한 누락에 대해 질문을 받았을 때 출판사 측은 핀란드 드라마가 거의 인쇄본으로 출판된 적이 없으며, 따라서 그에 대한 정보를 입수하기가 어려웠다는 사실을 탓했다(알토넨, 1996: 57). 극히 소수의 현대 극본을 제외하면 대부분 값비싼 고전의 다시쓰기만이 인쇄본으로 출판되는 핀란드의 상황에서 드라마는 문학으로 간주되지 않는다.

문학으로서 드라마는 다른 문학장르와 상호 관련되어 있어서 형식에 기반하여 드라마를 다른 문학장르와 구별하기란 어렵다. 예를 들어, 키누넨Kinnunen(1985: 30, 34)은 드라마와 단편소설의 차이가 그리 크지 않으며 드라마가 기능면에서만 시나 소설과 구별될 수 있다고 주장한다. 장르 간의 흐릿한 경계는 연극체계 내에서도 보인다. 극단은 드라마 텍스트 말고 다른 것을 자신들의 소재로 활용할 수도 있고, 그들의 레퍼토리는 드라마 말고도 시, 편지, 단편소설, 장편소설을 포함할 수 있다. 산문이나 시가 무대에 올려 지기도 하고, 몇몇만 꼽자면 디킨스의 소설, 위대한 인도의 서사시『마하라바타』, 파리 우드 딘 아타르Fari-ud-din Attar의『새들의 회의』*The Conference of the Birds* 같은 20세기 수피교도의 시 등 많은 고전들이 무대 위에서 새로운 형태로 태어나는 것을 발견해 왔다. 더구나, 드라마 텍스트는 구성방식이 바뀔 수도 있는데, 예를 들어 운문 드라마를 산문 이야기로 바꾸거나 운문을 산문 번역물로 바꾸는 경우가 그렇다. 전자의 예는, 프랑스에서 앙트완느 드 라 플라스Antoine de La Place(1975)가 자신의『햄릿』을 서재극으로 선보이면서 그 안에 가장 충격적인 구절과 전체적인 줄거리를 한데 엮은 경우가 해당하고(헤일렌, 1993: 26), 후자는 초기의 셰익스피어 번역물을 만들었던 피에르 르 투르니에(1776-1783)나 독일의 크리스토프 마틴 빌란트(1762-1766)와 J. J. 에쉔베르크(1775-1782), 또는 덴마크의 요하네스 보위에(1777)와 닐스 로젠펠트(1790-1792)의 사례에서 보인다.

일반적으로 드라마 텍스트와 마찬가지로 연극 텍스트도 어떤 형식적인 기준을 반드시 충족시킬 필요는 없다. 그러나 드라마는 기능적으로 다른 장르와 구별될 수 있다. 예를 들어 버치Birch(1991: 28-29)는 드라마 텍스트란 독회, 쓰기, 분석, 리허설, 제작, 리셉션 활동용으로 아마추어 및 전문 극단과 교육, 텔레비전, 영화, 라디오, 언론, 언어치료, 목소리 교정, 대중연설, 디자인, 평론과 같은 다양한 기관들에 의해 사용되거나 다른 공연 과정에서 사용되는 것이라고 정의한다. 그러므로 어떤 고유한 특성이 아니라, 과거든 현재든, 기능에 의해서만 드라마 텍스트와 연극 텍스트 모두가 정의된다. 일반적인 기준은 만약 한 텍스트가 드라마 텍스트로 사용된다면 그것은 드라마 텍스트이고, 만약 무대에서 사용된다면 그것은 연극체계의 한 요소라는 것이다.

여전히 구분할 해야 할 것은 모두 연극체계의 요소인 구술 텍스트와 문자 텍스트 간의 구별이다. 극단 상연물의 요소들 중 하나는 문자화된 연극 텍스트인데 이것은 그 대응물인, 무대 위의 구술 텍스트를 가지게 된다. 그 두 요소는 서로 다른 실체이며 각각은 자체의 기호 시스템을 가지고 있다. 파비스(1992: 26-28)의 말을 인용하자면, 미장센은 소위 텍스트의 잠재성*potential*이라는 것을 상연하는 것이 아니며, 그 텍스트가 지시하는 것에 대한 무대 재현이 아니기 때문에 드라마 텍스트에 충실해야 할 필요가 없다. 더구나 공통의 텍스트에 대한 서로 다른 미장센, 특히 매우 다른 역사의 순간에 제작된 미장센은 동일 텍스트에 대한 독서를 보여주지 않는다. 미장센은 텍스트의 공연적 실현도 아니며, 텍스트와 무대라는 두 지시대상의 혼합도 아니다.

파비스의 이러한 특화는 두 가지 기호체계인 텍스트와 미장센의 동시성과 동등한 가치를 강조한다. 파비스가 문자 텍스트와 공연 간의 연결고리를 형성하는 텍스트 잠재성의 존재를 부인하는 반면, 어떤 번역학자들은 최소한 어떤 드라마 텍스트에서는 그러한 연결고리를 설정하는 것이 가능할 것이라고 주장해왔다(토체바, 1995). 미장센이 소위 텍스트의 '잠재된 것'을 상연하는 것이 아니라는 파비스의 주장은 많은 연극 기호학자들의 연구에서도 반향되어 나타난다. 가령, 살로사리*Salosaari* (1989: 10)는 공연이 구체화되고 텍스트가 무대에서 어떤 기능을 부여받은 후에야 텍스트에 잠재된 것에 대해 명확한 어떤 것을 말하기가 가능해진다고 한 바 있다. 그것은 예상할 수가 없다. 드라마적인 연극의 특성은 무엇보다 "상연을 느껴진 경험으로 가능하게 하는 방식 속에, 그 사건 속에"(멜로즈 1994: 8) 들어있기 때문이다. "의미는 '발생'하는 것이 아니며, 느껴진 경험도 '발생'하지 않는다. 이러한 것들은 사회적으로 결정된 지식과 경험 양식의 활성화에 동참하는 개별적인 참여자로서의 사용자들 (. . .) 안에서 그리고 그들에 의해 생산되는 것이지, 체계 (. . .) 속에서 익명적으로 생산되는 것이 아니다'(멜로즈, 1994: 28).

텍스트에서 연극의 잠재성을 정의하려는 시도는 연극 종사자, 무대 감독, 극작가, 번역가, 배우, 의상과 무대 디자이너, 조명과 음향 기술자의 독서의 일부를 이루며, 그것이 과거 제작에서 설정된 어떤 고정된 패턴을 따르는 한 어느 정도는 예측될 수도 있다. 그러한 잠재성이 일련의 닫힌 해석들에 국한될지는 매우 의문스럽다. 바스넷(1998: 91-92)이 지적했듯이, 게스투스적$_{gestic}$[8] 텍스트가 있다면 그것은 무한히 다양해지지 않을 수 없을 것이다. 마찬가지로, 하위텍스트는 불가피하게 여러 연기자들에 의해 서로 다른 방식으로 해독될 것이다.

버치(1991: 11)는 연극체계에서 드라마를 논할 때 문자 텍스트를 우선시하는 행태를 비판한 바 있다. 음성 언어와 문학 텍스트로서의 드라마 텍스트에 특권적이거나 지배적 지위가 부여되면 이는 문학적 기준에 따라 미장센을 보고 평가하는 상황으로 이어진다. 드라마 텍스트는 단지 미장센의 요소들 중 하나일 뿐이며, 미장센에는 허용되기만 하면 미장센의 성공이나 실패를 보장해 줄 수 있는 똑같이 중요한 다른 요소들이 있다. 예를 들어, 극$_{play}$이 좋은 연기를 망칠 수 있는 것만큼이나 연기도 쉽게 극을 망칠 수 있다. 의상은 관심을 집중시켜 그 중심이 될 수도 있지만, 서투르게 연출되거나 쓰인 어떤 극을 구해낼 수도 있다. 감독은 매우

---

8) 베르톨트 브레히트가 사용한 게스투스$_{Gestus}$는 어떤 상황에 대한 한 등장인물의 태도를 지칭한다. 배우에게 그것은 한 장면의 사회적 중요성을 의미한다. 비평가 에릭 벤틀리 Eric Bentley가 만든 그것의 형용사형이 *gestic*이다(해리슨, 1998).

보잘 것 없는 것을 만들어 낼 수도, 완전히 반대가 될 수도 있다. 문자 텍스트는 연극이라는 전체적인 과정에서 사용되기 위해 거기 있는 것이다. 그것은 어떤 최고의 지위를 부여받을 수도, 그것에 대한 어떤 유일하게 확실한 해석이 있을 수도 없다. 한 편의 극에 대한 독서/읽기는 시대에 따라, 문화에 따라, 독자에 따라, 그리고 공연에 따라 달라질 것이다. 게다가, 그 독서는 개개의 관객 혹은 독자들 사이에서도 차이가 난다. 연극이라는 구체화 과정은 모든 독자들이 텍스트를 '소유할'own 수 있는 권리와 함께 하지만 한 가지만으로 의도된 독서라는 개념을 부정한다. 작가는 텍스트를 '독점'possess할 권리를 주장할 수 없다(바스넷-맥과이어, 1981: 38, 40).

1970년대 프랑스에서 제작된 한『햄릿』은 (헤일렌, 1993: 122-130에서 분석했듯이) 독서의 다양성과 여러 가지 독서가 일어나는 과정 중 일부를 보여준다. 테아트르 뒤 미르와Théâtre du Miroir의 무대 감독인 다니엘 메기쉬Daniel Mesguich는 텍스트가 모든 사람이 인정하는 단일한 의미로 닫혀 버리는 도구적 쓰기 개념을 거부했다. 메기쉬의 관점에서 고전 텍스트는 사실상 두 가지 텍스트이다. 첫 번째 텍스트는 물질적으로 볼 수 있고 읽을 수 있는 텍스트이다. 두 번째 텍스트는 가장 빈번하게 관찰되는, 쓰여지지 않고 때로 말로 표현되지도 않은 텍스트들로, 수년간에 걸쳐 원본에 접목되어 왔고 계속해서 접목되고 있는 해석적 층위인 비평, 분석, 과거의 제작물, 비평 모임, 전형적인 이미지들로 구성된다. 어떤 의미에서 연극과 번역 모두 저자의 죽음과 더불어 시작된다. 메기쉬는 자신의 미장센에서 두 개의 무대를 사용했다. 작은 무대 위에서는 배우들이 영어로 자신의 대사를 읊는다. 큰 무대 위에서는 전달매개가 프랑스어였다. 메기쉬는 미장센 자체가 하나의 번역이라는 사실을 보여주고 싶었던 것이다. 영어와 프랑스어로 된 『햄릿』 사이에는 시간차가 있었는데, 이러한 시간차는 연극에서 문어와 구어 사이에서도 또한 존재한다. 의미화는 그 둘 사이에 존재하는 '기압차'air pocket로 인해 발생한다. 어떤 이유로 해서 문어와 구어가 융합된다면 그 '기압차'가 사라지고 의미도 사라진다. 대사는 '잊혀진다'. 그 배우들은 그 미장센에서 자신들의 대사를 잊음으로써 이것을 보여주었다.

지면 위의 연극 텍스트

문학체계와 연극체계 모두의 요소가 되는 드라마 텍스트의 이중성은 외국 드라마가 국내체계로 통합되는 방식에 영향을 끼치는데, 이는 연극체계와 문학체계 모두 그 속에 텍스트 생성을 규제하는 그것들만의 규범과 관례를 가지고 있기 때문이다. 예를 들어, 유럽에서는 드라마 번역에 대한 뚜렷한 두 가지 기준이 19세기경 발전했는데, 하나는 최종 공연이 중요시되는 상업용 번역이었으며, 다른 하나는 독자들을 위한 고전 텍스트에 대한 미학적 번역이었다(바스넷, 1990: 79).

원칙적으로, 문학체계와 연극체계는 독립적으로 기능하며 서로 다른 배경에서 출판할 텍스트를 선택할 것이다. 그러나 또한 이들은 드라마 텍스트를 이용하면서 협력할 수도 있고 둘 다 서로의 활동에서 이득을 취할 수도 있다. 일반 독자층이나 무대 상연을 위한 출판된 극본의 이용가능성은 나라마다 다르게 조직되어 있다. 독일과 영국에서 책으로 출판된 드라마 번역물은 그 수가 상당히 많다. 이들 나라의 문학체계는 한 극이 무대에서 성공하여 만든 대중성을 이용하기 위해 그 극이 극장 내에서 인정받을 때까지 기다릴 수도 있고, 공연과 동시에 하나의 연계 상품으로 출판본이 나올 수도 있다. 그러나 책 출판 역시 텍스트가 극장 제

작용으로 이용될 수 있게 하는 방편을 제공하기도 한다.9)

핀란드의 상황은 영국, 독일과는 다르다. 상업적 문학 출판사들은 1920년대 이후로 드라마를 인쇄물로 출판하는 데 흥미를 잃었는데, 당시 핀란드극과 외국극 모두 염가 보급용 책자가 공연용으로, 그리고 독서에 관심 있는 사람들에게 이용 가능해졌기 때문이다. 그래서 출판사들은 점차 흥미를 잃어 버렸고, 가장 흔히 인쇄본으로 출판되는 몇몇 현대 번역물은 핀란드 국립 극단 잡지인 『떼아테르일레흐티』*Teatterilehti*의 부록으로서 나온다. 국립 극단이 불안정한 걸음마를 시작한 19세기만 해도 그 나라 고유극과 번역극 모두를 핀란드 청중들에게 제공하는 데 열심이었던 상업적 문학 출판사들은 그 이후로 극이 경제적 가치가 있는 것으로 기능하는 것을 보지 못했다. 예를 들어 나는 현대 아일랜드 드라마를 핀란드어로 옮기는 번역에 대한 연구에서(알토넨, 1996), 43편의 장편 아일랜드 연극이 번역물 저작권으로 극단조합들에 의해 등록되었지만 단 6편만이 문학 출판사들에 의해 인쇄물로 출판되었다는 사실을 발견했다. 핀란드의 국내외 드라마의 상당 부분이 단지 극본으로서만 존재한다. 이것들은 A4 양식으로 타이핑되어 헬싱키 소재의 극단조합이 운영하는 중앙도서관에 보관중인데 요청하면 이용할 수 있다. 이런 드라마들의 접근성은 아주 심하게 제한적이어서 일반 대중이 읽지는 않는다(알토넨, 1996: 58).

문학체계와 연극체계 사이의 비슷한 구분은 다른 나라에서도 발견된다. 아니 브리세*Annie Brisset*은 1968년부터 1988년까지 퀘벡에서 외국극이 극단의 레퍼토리로 통합되는 것에 대해 연구하던 중, 단 15편의 연극만이 인쇄물로 출판된 반면에 같은 시기에 몬트리올과 퀘벡의 7개의 대형 극장에서 무대에 올려진 연극 수는 716편이었음을 알게 됐다(브리세,

---

9) 스페인 같은 일부 국가에서는 영화 대본 역시 쉽고 싸게 구할 수 있다.

1996: 12).

이처럼 번역된 연극 텍스트는 단지 체계의 일부로 기능하면서도 또한 한 체계에서 다른 체계로 옮겨가서 그 체계에 구속될 수도 있다. 예를 들어, 현대 핀란드에서 셰익스피어와 몰리에르, 레싱, 베케트가 쓴 극의 예전 번역물들은 연극과 문학 양쪽 체계에서 자신들의 생명을 시작했지만, 차츰 문학체계로만 한정되었고, 이제 더 이상 특별한 효과를 위해서가 아니면 극단에서 거의 사용되지 않는다(앞서 1장에서 기술한 1997년 하멘린나 시의 『햄릿』 핀란드어 공연이 그런 경우다).

이 두 체계는 인정되거나 용인되는 번역전략을 서로 다르게 정의내릴 것이다. 만일 문학체계와 연극체계가 힘을 합치거나 자신들의 텍스트 생성을 함께 하기로 결정한다면 그 번역물들은 텍스트의 주요한 일차적인 환경이 되는 체계에서 설정된 관례를 따를 가능성이 크다. 그 체계들 중 하나의 지배효과를 보여주는 초기 사례는 핀란드에서 발견되는데 그곳의 출판사들은 국립 극단이 설립되기 이전에도, 극들이 미래의 무대에서도 사용될 수 있도록 하기 위해 드라마를 출판하기 시작했다. 그 극들 중 일부는 한 번도 무대에 오르지 못했으므로 문학체계가 일차적으로 번역전략을 책임지고 있었다고 추정할 수 있다.

현대의 연극체계가 드라마 출판에 대해 어떤 영향력을 행사하고 있는 문화의 사례는 현대 영국이 제공한다. 여기서는 가장 주요한 드라마 출판사인 메수엔Methuen은 '지면'page 번역보다 '무대'stage 번역을 더 선호한다. 즉, 방점이 무대 수용에 대한 기대에 찍히지, 원작의 세부사항을 조심스럽게 반복하는 데 찍히지 않는 번역이다.10) 그러나 무대 공연은 문자

---

10) 그 출판사의 대표인 마이클 얼리Michael Early는 학자적 혹은 학문적인 버전보다 '무대' 버전을 선호한다고 고집했다. 학자적 혹은 학문적인 버전은 연기는 할 수 없지만

텍스트가 기대할 수 있는 어떤 것보다 더 맥락에 묶여 있기 때문에, 그 출판본은 공연에서 나온 것인 한 결코 텍스트의 정확한 판본이 될 수 없다. 이러한 점이 바로 트레버 그리피스Trevor Griffiths가 지적한 것으로 그는 서점의 선반에서 정확한 연기 대본을 찾을 거라고 기대하지 말라고 아마추어 극단들에 경고한다.

> . . . 많은 새로운 극들이 시사회에 맞춰 출판된다. 이는 출판용으로 준비된 버전이 리허설 기간 동안 작가가 행하거나 승인할 지도 모를 삭제, 개작, 변경을 포함하지 않는다는 것을 의미한다. 이는 연극의 공연 버전이 출판된 대본과 상당히 다를 수 있다는 것을 의미한다. (그리피스, 1982: 17)

번역자들이 예상하고, 인정하고, 용인한 번역전략들은 그들이 종사하는 체계에 따라 다양하다. 이러한 점은, 예를 들어, 한 체계를 떠나 다른 체계로 옮겨간 번역물들에 의해 증명된다. 오래된 번역물은 문학체계에서 인정될 수 있는 반면, 극단이 그것을 제작에 사용하길 바란다면 수정되거나 개작되어야 할 것이다. 마찬가지로, 트레버 그리피스가 말하듯이, 무대극은 인쇄물로 출판되기 전에 어느 정도 수정될 것이다. 구두성orality의 직접성에 무게를 두는 연극체계와 문자 언어의 영원성을 강조하는 문학체계는 번역전략을 선택할 때 자기들 자체의 규칙에 따라 행동한다.

연극에서, 특정 번역전략에 대한 선호는, 특히 문학체계에서 일반적으로 인정되는 어떤 실행을 벗어나는 것처럼 보이는 경우, 보통 '무대의 요건'을 고려한 것으로 설명된다. 그 자체로 공간적으로나 시간적으로 다

1997년 9월 12-14일에 헐 대학에서 열린 연극번역회의에서처럼 원탁회의 토론을 위한 독서 자료로는 흥미를 끌었을 그런 것이다.

른 맥락에 대해 쓰인 외국의 어느 텍스트를 세세하게 모방하는 것은 종
종 너무 '학자적'이거나 너무 '학문적'이라는 이유로 거부된다. 인쇄된 출
판물과 극장 공연은 최근의 영국 상황에 대한 다음의 비평들이 보여주는
것처럼 서로 다른 번역전략을 필요로 하는 것으로 보인다.

> 학문적 열성주의자들에 의해 훌륭하고 헌신적으로 수행된 소수의 번역물
> 들은 연극 상연에 도움이 되기보다는 하나의 장애물로 판명되었다. 그것들
> 은 어떤 고향도 없는 번역물이다. (라스코프스키, 1996: 193)

> 지나치게 '충실한' 번역물은 . . . 터키산 태피스트리를 뒤집어 보여주는 것
> 처럼, 종종 외국의 극을 어색하고 활기 없는 무미건조한 것으로 만들 수
> 있다. (존스턴, 1996a: 9-10)

연극번역은 문학번역보다 더 그것의 직접적인 맥락과 관련되어 있는데,
연극에서의 경험은 집단적이면서도 직접적이기 때문이다. 시간을 들여
텍스트에 대한 자신의 개인적인 독서를 구성할 수 있는 독자들과 달리
극장의 관객은 매우 제한된 시간과 장소에서 하나의 항목으로 기능한다.
위에서 라스코프스키의 말처럼, 학문적이거나 학자적인 번역에 반발하는
강력한 반응들 중 몇 가지는 이러한 배경에 비추어서 이해될 수 있다. 번
역자가 특정 공간이나 배우단체를 위해 일하지 않는 경우일지라도 그/녀
는 새로운 버전에 각을 세워 그것이 특정한 의식 속으로 파고 들어가도
록 할 개연성이 무척 높다.
　　하나의 장르로서의 연극번역은 전통적으로, 번역이 매체의 변화를
겪지 않는 문학체계의 연극번역과는 다르게 원천 텍스트와 관계를 맺는
다. 문학체계에서 매체는 동일하게 남는다. 즉 하나의 문자 텍스트가 번

역되어 하나의 문자 텍스트로 출판된다. 반면 연극에서는 텍스트가 무대 공연의 한 요소가 된다. 연극에서는 구두성, 직접성immediacy, 공동성 communality이 불가피하게 텍스트 번역에 새로운 차원을 끌어들인다. 그리고 문학번역에서 현대 영미의 담론이 번역자의 비가시성과 번역의 충실성을 강조하고 있는 동안(베누티, 1995a: 1), 연극번역은 적극적으로 원천 텍스트의 많은 부분 각색하면서 '무대의 요건'이나 '연기성'과 '발화성'과 같은 기준에 근거하여 다시쓰기하거나 이러한 전략을 정당화하고 있다.

발화성, 연기성, 공연성

외국 텍스트가 새로운 문화적, 사회적, 언어적 체계를 위해 다시 쓰이는 방식에 대한 논의에서 피할 수 없는 문제는 '자유로운' 번역 대 '충실한' 번역[의역 대 직역]의 이분법이다. 연극번역에서 '학문적', '학자적', 혹은 문학적 속성들은 하나의 극을, '각색'은 다른 극을 기술하는 데 사용되고, 앞 절에서 현대 영국의 연극번역을 거론하면서 밝혔듯이 어떤 전략이 다른 전략보다 체계적으로 우선시됨은 종종 평범하게 이루어진다. 원천 텍스트와 그것의 번역물 간의 관계의 수식어로서 '자유로운'과 '충실한'이라는 명칭은 인상에 근거한 혼란스러운 것이지만, 더 심각한 것은 그것들이 또한 다른 관계들의 존재 이유라는 훨씬 더 중요한 논점으로부터 논의를 벗어나게 한다는 점이다.

'자유로운'과 '충실한' 간의 경계선이 어디에 있는지 또는 어느 지점에서 하나가 다른 것이 되는지 정의내리기는 어렵다. 한 번역물이 다른 하나의 텍스트에 완전히 '충실할' 수는 결코 없는 법인데, 한 번역물은 그 본성상 새로운 텍스트를 만들어내기 때문이다. 텍스트는 다른 맥락에서 자신의 삶을 시작하는 새로운 텍스트들을 발생시키며, '자유로운'과 '충실한 사이의 구별은 단지 두 텍스트가 해낸 독서의 양립성에 대한 주관적 평가에 따라 이루어질 뿐이다. 이와 유사하게, 어떤 지점에서 '자유로운'이 '새로운'이 되는지를 정의 내리려는 현대 저작권법의 시도는 문제를 드러내기 마련이다. 텍스트는 항상 다른 텍스트들의 끝없는 연쇄 위에 지어진다. 하지만 아마도 어떤 다른 형태의 글쓰기보다 더 번역에서 텍스트 생성의 과정이 인지 가능한 상호텍스트성에 기반하고 있다고 할 수는 있을 것이다.

'발화성' 또는 '연기성'이라는 성격은 연극번역에 대한 논의에서 오랜 역사를 가지고 있다. 드라마 번역의 이론에서 최초의 중요한 시도들 중 하나로, 지리 레비Jiří Levy(1969: 128)는 드라마 언어는 구어(口語)의 화자와 청자, 규범의 기능적 관계 속에 위치한다고 주장했다. 레비는 드라마의 언어를 극장 관습에 의해 제약을 받는 하나의 양식화된 구어 형식으로 보면서 드라마를 다른 언어로 번역하는 것에 대한 평가 기준으로 발화성과 쉬운 파악성을 강조했다. 즉, 짧은 문장과 연결문, 그리고 드문 단어들보다 잘 알려진 단어들에 대한 선호, 어려운 자음군의 회피 등이 그렇다(드라마 대화의 구성에 관해선 벨트루스키Veltrusky(1977)를 보라).

레비의 두드러진 기여는 드라마 번역에서 공연의 중심성을 분명하게 보았다는 것이다. 하지만 그가 다른 많은 위대한 학자들의 작품에 영감을 주었을지라도 그의 가정 중 어떤 것은 유보 없이 받아들여지지는 않았다. 비판의 대상 중 하나는 발화성이나 공연성과 같은 개념의 모호함이었다. 공연성은 한 번도 분명히 정의된 적이 없는 공허한 용어라는 점에서 비판받아왔다. 바스넷(1990: 76; 1991: 102)에 따르면, 공연성에 대해서는 어떤 논리적인 이론적 기초가 없으며, 일련의 기준이 확립될 수 있다 해도 그것은 문화에 따라, 시대에 따라, 텍스트에 따라 끊임없이 달라질 것이다. 그녀는 공연성이라는 용어가 끈질기게 살아남은 이유를 문자 텍스트와 공연 간의 관계에 대한 이론적인 연구의 부족, 연극과 번역에 대한 이론적 글쓰기의 부재, 연극에서 두 가지의 번역 전통에 대한 설명의 실패, 19세기에 확립되어 수세기 이전에 쓰여진 텍스트들로 거슬러 적용된 극이라는 아이디어의 지배, 그리고 충실성과 권력관계의 문제에서 찾는다.

그러나 발화성과 공연성은 극장용 텍스트의 성격 논의에서 늘 중심에 있었으며, 하나의 기준으로서 이 두 용어의 모호성은 여러 가지 다른 해석이나 타당성만큼이나 거의 의문시되지 않았다. 예를 들어 발화성이 "쉬운 발음"을 의미한다고 보는 파비스(1989: 30)는 "말로 하기 쉬운 텍스트의 표면 아래 도사리고 있는" 진부함의 위험을 유의하라고 경고한다. 그 외에 그는 발화성과 관련된 연극의 의사소통에는 다른 요소들이 있다고 지적한다. 파비스(1992: 152)는 그 자신 '언어-몸'이라는 문구를 사용하여 언어 및 문화 특정적인 말과 제스처의 결합체를 지칭한다(말과 움직임의 조합은 벨트루스키, 1976: 102-103에서도 논의된다). 발화성에 대한 또 다른 견해는 독일의 번역학자인 브리지트 슐츠Brigitte Schultze(1990: 268)가 채택한 것으로, 그는 발화성을 문학과 연극의 의미를 생산하기 위한 하나의 중요한 도구로 설명하고 있다. 그녀는 발화성을 편리한 발음과 혼동하는 것에 반대하며 발화성의 유형의 중요성과 연극의 의미를 생성시키는 과정에서 발화성의 기능을 강조한다.

단순성이라는 말로 정의된 발화성은 분명 연극 텍스트를 특징짓는 데 그다지 정확한 방법은 아니다. 연극 텍스트는 말하기에 단순하고 쉬울 필요는 없다. 그것은 문학체계 속의 텍스트와 다를 수도 있고 또한 종종 다르며, 이러한 차이점을 설명하기 위한 노력은 보통 어떤 구체적인 용어로 이러한 차이점을 기술하는 것과 관련된다. 예를 들어, 슈넬 혼비 Snell-Hornby(1984: 104-108)는 연기성과 발화성의 두 개념을 하나의 용어로 합쳐, 리듬의 중요성을 강조하면서 "연기가능한 발화성"spielbaren Sprachlichkeit 이라는 말을 사용하였다. 드라마 상의 인물은 연극이라는 구체적인 공간 에서 이해될 수 있어야 하고, 언어는 숨쉬기라는 자연스런 리듬을 따라 야 한다. 또한 다른 학자들은 말의 리듬을 연극 언어를 이해하는 잠재적 열쇠를 제공하는 것으로 간주해왔다. 바스넷-맥과이어Bassnett-McGuire(1985: 89)는 도착 언어에서 가장 자연스러운 말의 리듬은 극장용 텍스트가 왜 지속적인 업데이트를 필요로 하는지를 설명해 준다고 주장한다.11) 발화 의 패턴은 계속되는 변화 과정에 놓여 있어서 시대의 특정 시점에 묶여 있다.

발화성, 연기성, 공연성과 같은 개념이 끈질기게 살아남은 것은 연 극에서 사용되는 번역전략들에 대한 일반적인 설명으로 읽을 수 있다. 그런 전략들은 번역이 그것의 원천 텍스트와 관계를 맺는 방식에 관한 문학체계의 지배적인 관점과 이 세 가지를 분리시키는 것처럼 보인다. 만약 기준 규범이 가령 법률체계의 저작권법이 뒷받침하는 '충실한' 번역 이라면, 원천 텍스트에 대한 일탈된 접근인 '자유로운' 번역은 어떤 방식 으로든 정당화되어야 하며, '연기성'과 '발화성'이라는 말로 정의되는 '무 대의 요건'은 이러한 정당화를 제공해 왔다.

또한 용어의 혼동은 어떤 부류의 번역물에 속성으로 따라붙는, "문 자 그대로의", "문학적인", "학자적인" 또는 "학문적인"과 같은 꼬리표와, 또 다른 부류를 설명할 때 쓰이는 "각색"과 같은 꼬리표를 정의내리지

---

11) 이후 그녀는 자신의 견해를 수정하여, 텍스트에 내재된 '공연성'을 정의하려는 시도에 서 유창한 말의 리듬의 필요성을 논의하는 일반화된 방식을 비판했다.

않고 사용하는 데서 비롯되었다. "문자 그대로의"와 "문학적인"이라는 용어는 '충실한 번역, 즉 원천 텍스트 전체가 번역되는 번역물을 지칭할 때 동의어로 사용될 것이다(앞 절에 나타난 번역자들의 말과 바스넷, 1990: 76을 보라). 외국의 원천 텍스트를 도착언어로 받아 적기 위해서는 '문자 그대로'라는 말을 견지하는 것이 권장될 것이며, 이러한 전략은 보통 몇몇 연극체계에서는 거의 모든 언어에 대해, 그리고 다른 체계에서는 '희귀' 언어에 대해 사용되는 전략이다. 이러한 경우가 바로 퀘벡의 극작가인 미셸 트랑블레의 극을 스코틀랜드어로 번역하면서 마틴 보우먼과 빌 핀들레이가 협력한 사례이다.

> 마틴 보우먼은 트랑블레의 원작으로부터 관용어법에서 벗어난 영어로 문자 그대로의 초안을 만든다. 이러한 첫 번역본은 가능한 한 관용적 표현을 영어 동의어로 번역하는 것 같은 영문학적 개입을 피하는 일종의 영어식 프랑스어이다. 이러한 번역에는 어법에 대한 설명과 지나치기 쉬운 아이러니, 말장난, 유머를 포착하기, 그리고 스코틀랜드인에게 낯선 문화적 요소들을 설명하는 것이 수반된다. 빌 핀들레이가 이 초안을 스코틀랜드어로 바꾸기 전에 질문과 대답, 명확화, 자격부여를 위한 교류가 있고 그 이후에 첫 스코틀랜드어 번역본이 완성된다. 그러고 나서 원작과 면밀히 대조하면서 스코틀랜드 텍스트를 전체적으로 검토하는 작업이 뒤따른다. . . . 마지막으로 리허설 동안에 수정이 이루어진다. (핀들레이, 1994: 729)

이러한 절차는 일의 분명한 분업을 도입한다. 번역자들 중 한 사람은 원천 텍스트에 쓰인 외국어와 그것이 바탕을 두고 쓰인 관례들에 대해 필요한 지식을 가지고 있고, 다른 한 사람은 도착언어뿐 아니라 도착체계 내 무대의 규범과 관례들에 대해 통달하고 있다. 어떤 연극체계는 유급 드라마투르그를 고용해서 연극번역의 관례와 규범에 대한 전문기술의 문제를 해결해 왔다. 이 드라마투르그들이 하는 일은 자신들에게 맡겨진 텍스트가 도착 무대의 체계상의 요구조건에서 벗어나지는 않도록 지켜보는 것이다.

다음으로 '문학적인'이라는 말은 연극번역 관례와의 유사성 혹은 비유사성과는 관계없이 문학체계의 관례를 따르는 번역물에만 적용될 수 있다. 이것은 바스넷(1990: 76)이 '문자 그대로의'(여기서 사실상 '문학적인'이라는 말과 동의어임)라는 용어를 '공연가능한'이라는 말과 상반되게 사용하는 방식과는 약간 다르다. 이때 그녀는 '공연가능한'이 좀 덜 유명한 2개 국어 번역자의 번역물을 팔기 위해 유명한, 종종 1개 국어 사용자인, 극작가의 이름을 이용하는 것을 의미하는 데 쓰여지는 경우가 아니라면, 이 두 가지 말이 구분될 수 없다고 주장한다. 번역물의 속성으로서 '문학적인'(그리고 '공연 가능한' 또는 '무대의')은 기껏해야 어떤 특정한 시대의 순간에 쓰인 텍스트의 체계상의 소속을 지칭하는 기능적인 용어로 보인다.

'각색'이라는 용어도 연극번역에 대한 논의에서 하나의 번역전략에 대한 설명으로서 지속해서 나오는데, 이 말의 모호함은 혼동을 일으킨다. 데이비드 존스턴은 데이비드 헤어와 가진 인터뷰에서 헤어의 피란델로 *Pirandello* 번역에서 '번역과 각색'*translated and adapted by*이라는 말이 책 표지에, '버전'*version by*이라는 말이 표지 안쪽에 나타난다는 점을 지적했다. 이런 두 가지 지칭에 대한 책임은 출판사에 있었다. 존스턴과 헤어는 사람들이 실제로 세 가지 전략을 구분하지 못할 수 있다는 점에 동의했다(존스턴, 1996a: 143). 그러나 데이비드 에드니는 그 명칭들이 번역전략 간의 어떤 구별을 하는 데 도움을 주고 있다고 주장한다.

> 나는 항상 나의 극본을 '번역물'이라고 부르지만, 연출 감독은 종종 '각색
> 물'(또는 번역/각색물)이라고 부른다. 나는 이를 텍스트는 자연스럽고 연극
> 하기 좋게 들려야 한다, 즉 "그것은 번역물처럼 읽히지 않는다"는 의미로,
> 일종의 승인의 표현으로 받아들인다. . . . 내 생각에, 각색물이 번역물과 달
> 라지는 두드러진 특징은 원작에는 발견되지 않지만 각색자는 인지하는 효
> 과의 존재이다. (에드니, 1996: 230)

에드니의 사용법이 통상 받아들여지지는 않지만, 바스넷(1988: 98)은 '각
색'이나 번역의 '버전'이라는 말의 사용이 단어 번역이라는 말이 함축하
는 것보다 원천 텍스트와 훨씬 더 근본적인 차이를 의미하는 것으로 사
용되는 것을 금하고 싶을 것이다. 각색이라는 용어의 문제점은 그것의
인기에도 불구하고 그 의미가 분명하지 않다는 점이다. 그렇긴 해도, 원
천 텍스트를 통째로 번역하지 않으면서 추가와 생략을 가하고 드라마의
배경, 플롯, 등장인물로 된 전반적인 드라마 구조에 변화를 주면서 그 드
라마에 대한 새로운 해석을 제안하는 번역전략을 기술할만한 용어가 필
요하다. 번역자인 스티브 구치Steve Gooch(1996: 20)는 좀 더 모호하지만 비
슷한 해석을 내놓는데, 그는 각색이란 어떤 2차 목적, 즉 원작과 약간 다
른 것을 말하거나 그 극을 어떤 특정한 새로운 맥락에 적용시키기 위해
극을 수정한다는 의미를 나타내기 위해 사용되어야 한다고 제안한다. 이
처럼 각색은 번역과 반대개념이 아닌 번역의 한 유형으로서 외국 텍스트
에 대한 특정한 접근법을 기술하는 데 쓰일 수 있다. 연극체계 내에서는
'각색물'을 쓰는 능력은 보통 번역될 텍스트의 원 언어에 대한 전문지식
보다는 경제적인 면에서 더 높이 평가된다. 표준 BBC 계약에서 번역과
각색은 서로 다르게 가격이 책정되며 각색 작품을 더 높게 쳐준다(멀린,
1996: 127).

어떤 번역전략, '충실한' 번역물이나 재구성작 혹은 모방작(이를테면, 각색물)에 대한 선택은 이러한 전략들이 완성된 번역에 대한 담론에서 재현되는 공간상으로나 시대상 제한적인 코드들과 관련을 맺고 있다. 사회문화적 체계와 연극체계에 의해 지배되는 언어적 코드가 그 지역의 고유한 관용어가 무대에서 사용될 수 있는 방식을 결정하는 반면, 사회문화적 코드나 이데올로기적 코드들은 자국의 사회와 문화에서 중요하다고 간주되는 문제를 전달하는 번역전략으로부터 나오는 반응을 수용한다. 다음 장에서 우리는 서로 다른 번역전략들이 외국의 연극 텍스트를 자국의 레퍼토리로 통합하는 데 사용되어온 방식과, 이러한 전략들이 어떻게 도착사회의 언어적, 사회문화적, 그리고/또는 연극적 코드와 관련되는지 살펴보려 한다.

3.

연극 텍스트의 시간공유

연극 텍스트의 시간공유에서 원천 텍스트와 그것의 번역물, 간텍스트성
의 유형 사이의 관계는 독립적인 선택에서 비롯된 결과가 아니다. 그 선
택은 항상 그러한 점유의 시간과 장소에 묶여있고, 그 번역물이 도착사
회에서의 문화와 사회의 담론에 기여할거라고 예상되는 정도에 기반하
고 있다. 번역자와 그들을 통한 전반적인 연극체계나 하위체계들은 구체
적인 목적에 적합한 것으로 발견된 텍스트로 옮겨 들어간다. 그 텍스트
에는 그들의 역사가 담긴 흔적들을 남겨둔 다른 세입자들이 있었으며,
또 앞으로 그렇게 계속해갈 새로운 세입자가 존재하게 될 것이다.

도착체계의 요구를 충족시키기 위해 텍스트를 조정하는 전략들을
탐구하는 것이 흥미롭기는 해도, 세입자로서 번역자가 특정한 간텍스트

성의 유형을 선택하는 이유가 더 중요한 연구 거리이다. 그러므로 전략
들의 범주화 같은 것은 그러한 유형을 발생시킨 코드보다 덜 중요하다.
이 장에서는 선택된 번역전략에 의해 재현되는 기저의 코드와 간텍스트
성의 유형 사이에 잠재하는 규칙성의 윤곽을 파악하고, 어떤 방식으로
외국의 원천 텍스트의 담화가 번역에서 도착사회의 담화 속으로 통합되
는지 살펴볼 것이다.

자기중심성의 한 형식인 번역

번역물은 항상 그것의 원천 텍스트를 다시쓰기 한 것인데, 왜냐하면 그
전 과정의 출발점이 자기의 것에 있기 때문이다. 외국의 것은 중요성이
있다할지라도 단지 부차적으로 중요할 뿐이다. 외국 극본이 번역 대상으
로 선정되면 그 선택은 그것에 대한 자국체계의 어떤 요구를 중심으로
한 것이기도 하지만, 외국 텍스트의 담화와 그 극을 받아들일 연극 시스
템과 도착사회의 담화와의 양립가능성에도 영향을 받는다. 우선, 번역 대
상으로 선정된 외국 작품은 그것의 담화 전략들이 도착사회 속에서 생각
할 수 있고, 말할 수 있고, 쓸 수 있는 것을 지배하는 코드와 조화가 되는
작품들이다(브리세, 1996: 158). 그래서 외국 텍스트를 번역 대상으로 삼
는 수용 조건들 중 하나는 그 텍스트의 담화가 그것을 받아들일 연극체
계와 사회의 담화와 긴밀한 연결되는 것이 가능해야 한다는 점이다.

텍스트는 연극의 미학 혹은 연극의 사회적 기능에 관련될 수 있는
다양한 역사적, 사회적 상황에 의해 결정된 방식으로 선택되고 다시 쓰
여진다.1) 모든 번역과 마찬가지로 연극번역은 항상 자기 본위로 동기화
된 활동이다. 피셔-리히터Fischer-Lichte는 다음과 같이 지적하고 있다.

1) 피셔-리히터(1990a: 17)는 일반적인 문화간 번역에서 이러한 점을 논증해 보인다.

그러므로 문화간 공연의 출발점은 그 일차적 관심이 외국의 것, 즉 외국의
연극 형식이나 그것이 유래하는 외국문화에 있는 것이 아니라, 자기들의
문화 안에 있는 완전히 특정한 상황이나 자신의 문화에서 기원하는 완전히
특정한 문제에 있다. 그래서 자기들의 연극과 문화, 그리고 그것이 일정 요
소를 채택해 오는 외국의 연극 전통과 문화들 사이에서 엮어지는 문화간
공연의 관계망은 분명 자신의 것에 의해 지배된다. (피셔-리히터, 1990b:
283)

번역극 텍스트의 목적은 타자에 대한 소개를 하거나 외국의 것을 중개하
는 것이라고 보기 어렵거나, 혹은 전혀 아니다. 그보다 외국 텍스트에는
도착체계와 사회를 대변하는 임무가 주어진다. 그 목적은 관객을 외국의
전통에 더 가까이 데려가거나 익숙해지도록 하는 게 아니라, 외국의 전
통이 특정 수용분야의 서로 다른 조건들에 따라, 많게 혹은 더 적은 정도
로 변형되게 하는 것이다(피셔-리히터, 1990b: 283).

　　문화간 연극의 전체 과정에서 도착체계의 중심성은 원천문화와 도
착문화 간의 구분이 무관해지는 정도로까지 강조될 수 있다. 피셔-리히터
(1990b: 284)는 번역 이론의 개념과 어휘들을 문화간 공연을 기술하고 평
가하기 위해 비교해 보는 것은 잘못됐다고 주장한다. 그녀에 따르면, 문
화간의 공연은 외국의 텍스트나 심지어 외국 문화조차 자기 자신의 연극
으로 소통을 시작하는 출발점으로 삼지 않으며, 오히려 간문화성이란 자
기 자신의 연극과 문화의 필요와 요구로부터 나오는 것으로, 외국의 텍
스트나 외국의 연극 관습은 그 문제되는 상황에 대한 그것들의 관련성에
따라 선택되고 변형되고 이식된다. 그러므로 원천 텍스트와 원천 텍스트
에 대해 말하는 것은 별 의미가 없으며 심지어 원천문화니 도착문화니
하는 것은 더욱 그렇다. 외국의 것이 번역으로 소통될 경우에도 마찬가

지일 것이다. 문화간 연극에서 원천문화와 도착문화는 하나이면서 동일한 것, 즉 자기 자신의 문화이다.

만일 텍스트와 그것들을 통해 문화간 연극의 과정에서 관여된 문화가 자기 자신의 문화로 병합된다면, 그리고 그 원천이 도착문화에서 무언가를 생산해내기 위한 자료로서만 사용된다면, 번역의 기반이 사라진다고 피셔-리히터는 주장한다. 그녀는 이것을 대체하기 위해 '생산적 수용'이라는 개념을 제안하는데, 이는 외국의 연극 전통에서 나온 요소들을 차용하는 것을 의미한다(피셔-리히터, 1990b: 287). 즉, 어떤 문화간 공연이 출발선상에 놓인 문제에 따라 외국의 연극 전통과 문화의 요소를 생산적으로 수용한다는 것이다. 생산과 수용의 특정한 제한들뿐만 아니라 잠재성, 그리고 현안 문제들이 어떤 문화나 연극 전통을 들여다볼지, 어떤 요소를 택할지, 어떤 방식으로 이것들이 바뀔지, 그것들이 어떻게 결합될지를 결정한다. 생산적 수용은 외국 문화의 요소가 어느 정도 수만큼 생산 과정에서 문화적 변형을 겪는 것을 허용하며, 그렇게 해서 자신의 연극과 문화를 다시 풍부하게 만들어준다.

마찬가지로 우리는 번역이 항상 내재적으로 생산적 수용의 특징을 지니고 있다고 주장할 수 있다. 번역은 근본적으로 기본적으로 자민족중심주의이고, 번역하기의 기능 자체가 동화이다(베누티, 1998: 11). 연극번역에서, 외국의 것은 다른 문화에 의지하는 결정에서 일차적 영감의 원천이 아니다. 그보다는 그러한 교류에서 자기가 얻을 이익에 대한 지각에 의해 관심이 촉발된다. 적절한 텍스트의 선택은 항상 도착체계의 필요, 그리고 원천 텍스트 담화와 도착문화의 담화 사이의 양립가능성에 기초하고 있다. 더구나, 외국의 원천 텍스트는 수용할 체계와 사회의 다양한 목적에 봉사하기 위해 조작을 거친다.

문화간 연극의 자기 자기중심적 성격에 대한 지각과 그것을 통한 연극번역에 대한 지각, 그리고 그러한 지각을 기술하면서 번역 개념을 생산적 수용의 개념으로 대체해야 한다는 주장은 많은 생각을 불러일으킨다. 원천문화는 적절한 텍스트를 생산함으로써 도착문화의 필요에 봉사할 수 있는 한에서 존재하며 또한 이러한 텍스트들은 그런 목적을 위해서 선택적으로 사용될 뿐만 아니라, 그것이 재현하는 원천 텍스트와 원천문화 역시 번역 과정에서 도착문화에 의해 구성된다. 그 구성은 도착문화의 일부이며 번역 과정을 넘어서는 아무런 존재 같은 것을 가지지 않는다. 그러한 맥락에서 원천과 도착이라는 두 극점은 사실상 하나이며 동일한 것 – 자기 자신의 문화 – 이며 요소들의 선택은 수용의 관점에서만 흥미로운 것이다.

그러나 생산적 수용에 관한 논의는 타자와 최종 생산물인 타자의 구성물, 즉 번역물과 그 다음의 공연에 주의가 맞춰지면 새로운 국면을 끌어들이게 된다. 문학연구에서 가장 주목받는 에드워드 사이드Edward Said(1978)와 좀 더 최근의 호미 바바Homi Bhabha(1994)의 타자의 구성에 대한 연구는 문화적 재현의 인공적인 성격에 대한 이해를 증진시켜 왔으며 또한 그러한 재현을 초래한 문화적 위계를 부각시켜 주었다. 연극연구에서, 러스텀 바루차(1993: 15)가 유럽의 아방가르드 연출가들을 비판하면서 대표적으로 아르또를 비난했는데, 이는 그가 재생의 원천들을 이끌어냈던 "그 자신만의 '동양'", 즉 가상의 동양을 창조하고, 가부키, 노, 와양꿀릿[인도네시아의 전통 그림자극], 바리[발리의 댄스], 카타칼리[고도로 양식화된 인도 고전 무용극], 차위[인도 부족의 전쟁 춤 – 역자] 같은 다양하고 복잡한 예술의 모든 두드러진 특징을 균일하게 만들어 그것들의 정체성을 상호 교환할 수 있는 것으로 만들었다는 이유에서다. 다른 연출가들도 이

에 못지않게 미국 표준과 기대에 맞추기 위해 원래의 의례들을 왜곡했다
는 사실을 인정하지 않음으로써 '오재현'misrepresentation의 죄를 지은 것으로
평가된다.2)

번역연구에서 연구자들은 타자의 재현물을 구성함에서 도착체계와
도착문화의 역할에 대해서도 알고 있으며, 어떤 학자들은 번역을 위한
텍스트 선택에서 원천으로서의 문화의 부재나 '오재현'에 대해 관심을 가
져왔다. 르페브르(1992: 73, 75)는 이슬람의 체계에서 생산된 문학이 유럽
과 미국 독자들이 가장 이용하기 어려운 것이라는 점을 지적하면서 또한
현존하는 번역에서 잘못 재현된다고 말한다. 그러한 예로 에드워드 피츠
제럴드Edward Fitzgerald가 페르시아 시인들이 다루고 있는 주제에 대해 자신
의 친구인 E. B. 코월에게 보낸 편지를 인용한다. "이런 페르시아 시인들
을 나 좋을 대로 자유롭게 취하는 것이 내겐 큰 즐거움이다. 그들은 (내
생각에) 그렇게 탈선한다고 해서 사람들을 경악하게 할 만한 시인들도
아니고, 정말로 그런 탈선을 허용하는 작은 예술을 원하는 시인들이다."
그리고 르페브르는 피츠제럴드가 고전 그리스나 라틴 문학에 대해서는
그 시대와 그 이래로 그것들이 누려온 명성 때문에 감히 그런 자유들을
가질 엄두를 내지 못했을 것이라고 주장한다. 베누티(1998: 4)는 "아마도
번역의 가장 큰 스캔들로서, 모든 번역하기의 행위, 즉 번역된 것을 번역
하는 문화에 봉사하게 하는 행위에서 존재하는 비대칭성, 불공평, 지배와
의존의 관계"를 기술한다. 가령 일본문학의 재현뿐 아니라 비트겐슈타인,
하이데거, 과레스끼Guareshi, 에코의 미국 시장 진출을 위한 번역에 대한
그의 다양한 사례는 헤게모니를 쥔 국가에서 번역이 그들에 종속된 타자

---

2) 바루차는 리처드 쉐크너Richard Schechner 작품에 대해 [기대에 부응하는] 후자에 대해
   비판한다.

들의 이미지를 어떻게 빚어내고 지배적인 자국의 가치를 강화하는지 잘 보여준다(베누티, 1998: 159).

한 번역물이 그것의 원천 텍스트에 관계하는 많은 방식들, 그러니까 도착체계와 도착문화의 요구와 기대에 맞추려고 전체 텍스트나 그 일부만을 사용하는 것과 더불어 텍스트를 다시쓰기하는 것 또한 번역활동의 성격에 대한 몇몇 일반적인 주장들에서 보이는 타당성을 의심하게 한다. 예를 들어, 원천 텍스트와 번역 간의 관계가 모방적이고 해석적이라고 보는 베누티(1995: 15)의 기술은 번역 활동의 목적이 매개와 소통이라고 가정하지만, 그것은 우리가 봐왔던 것처럼 항상 사실인 것은 아니다.

번역을 복제라고 보는 전통적인 견해가 수정될 필요가 있다 하더라도, 번역연구에서 원천문화의 중요성을 무시해서는 안 된다. 만일 번역이 기본적으로 자기중심적으로 동기화된 활동으로 간주된다면, 원천 텍스트와 문화에 대한 연구는 도착문화가 그것들을 이용한다는 관점에서 보면 흥미로운 문제이다. 번역에서 물질적인 것, 즉 타자의 구성물과 최종 산물은 모두 동일한 문화에 기원하고 있다. 이러한 사실은 재현물이 어떻게, 왜 특정한 방식으로 구성되는지, 그리고 그것들이 원천문화와 도착문화에 어떤 함의를 지니는가에 대한 연구의 출발점으로 삼을 수 있을 것이다.

만일 번역의 간문화성이 진정한 상호교류에 기반하고 있어서 외국의 요소의 선택, 변형, 이식이 힘이 동등한 상대들 사이에서 발생하는 것이라면, 권력을 가진 문화만이 아닌 모든 원천문화들이 그 과정의 결과물에 대한 통제력을 어느 정도 행사할 수 있을 것이다. 이렇게 되면, 또한 그 결과도 불가피하게 달라질 것이다. 문화 상호작용의 불평등에 대해서는 전통적으로 문화간 연극의 재료를 제공해왔던 문화권 출신의, 그래서 원천문화를 대변하는 학자들이 지적해 온 바이다. 예를 들어, 바루차(1993: 241)는 파비스(1992: 184-185)가 제시하는 문화간 연극의 모래시계 모델을 비판했다. 이 모델에서는 모래가 원천문화의 그릇인 상부에서 도착문화의 그릇 바닥으로 부드럽게 떨어지기 때문이다. 또한 파비스의 모델이 제안한 것처럼 문화간 연극 교류가 원천문화를 손상하지 않고 남겨두는 일은 절대로 없다는 사실을 보여주었다. 바루차(1993: 241)에 따르면, "문화의 알갱이"는 필터를 통해 한 그릇에서 다른 그릇으로 조금씩 떨어지다가 바닥에서 특정한 형태와 덩어리로 모이는데, 문화간 교류의 단일방향성을 부각시키면서 그것의 더 큰 역동성을 제한하고, 결국 도착문화는 최종 종착지라는 지위를 획득하게 된다. 바루차는 이상적으로 볼 때 간문화주의가 전진과 후진 운동이어야 한다고 주장한다. 그러한 비판은 번역연구로도 확대되었고, 그 뒤로 서양 학자들이 언어들 간의 "불평등한" 관계를 설명하려는 시도를 하지 않았다는 비난을 받게 되었다(니란자나Niranjana, 1992: 48).

그러나 문화의 불균형 개념이 번역연구에 기입되면서 번역연구 학자들은 번역의 자민족 중심주의적 폭력으로 인해 발생하는 효과를 점점 더 많이 의식해가고 있다(베누티, 1995a: 20). 일부 학자들은 이제까지 표방되어온 정의(正義)에 대해 회의적이어서 번역은 본래 정당한 재현 능력이 없는 것이라고 간주하고 있다. 즉, "카니발리즘은 쌍방향 과정일 수 없다"는 것이다.[3] 희망을 잃지 않은 다른 학자들은 세계사에 대한 전략적 문화개입으로서 번역의 외국화[4]를 주장하면서, 영어가 주도권을 쥐고

---

3) 하쉬 트리베디Harsh Trivedi는 1997년 7월에 워릭대학교의 번역학회의 총회 강연에서 이 점을 주장했다.

4) 베누티(1995a; 20)는 외국화란 외국 텍스트의 언어적, 문화적 차이점을 보여주는 자민

있다는 생각들과 다른 세계 국가들과 맺는 불평등한 문화교류에 반대하는 목소리를 높였다. 분명한 점은, 지금까지는 번역에서 많은 관심이 '시학의 상실'에 쏠려 있었지만 앞으로는 그 관심을 번역의 정치학으로 돌려야 한다는 것이다.

그동안 번역연구에서 왜 원천 텍스트의 전유 및 가장 노골적인 '오재현'에 대한 연구와 이를 통한 원천 문학의 연구가 더 많은 학자들의 관심을 끌지 못했는지에 대한 한 가지 설명은, 문화적 근접성과 공명에 기준하여 텍스트를 선정하려는 경향 때문에 적절한 텍스트가 빈약했기 때문일 것이다.5) 익숙한 문화에서 나온 텍스트가 번역 대상으로 선택되는 경향이 있다. 그런 문화의 담화 전략은 도착사회 내에서 사유될 수 있고 말해질 수 있으며 쓰여질 수 있는 것과 양립할 수 있는 것으로 보인다. 또 다른 설명은, 연구자들은 이제 재현의 '충실성'이 항상 상대적 개념이며 그러한 충실성이 번역전략의 선택 기준으로 작동하는 것은 통시적, 공시적으로 변한다는 점을 인정하고 있기 때문에, 우선적으로 자신들의 임무가 여러 전략들 사이의 변수와 이유들을 연구하는 것으로 생각하지, 이런 저런 방식의 번역을 지지하는 것으로 생각하지 않는 데서 이유를 찾는다. 가치 판단을 삼가려는 이러한 소망은 강하게 비판받아 왔는데, 예를 들어, 베누티(1998: 28)는 그런 소망이 불가능하다는 점과는 별개로, 다른 부정적인 결과를 낳는다고 주장한다.

가치중립적 번역연구에 대한 주장은 그 학문이 자기비판적으로 되는 것과

족중심주의의 탈피라고 정의했다.

5) 뉴스가 될 만한 사건의 특징으로서의 공명은 미디어연구에서 사용되는 개념으로, 사건은 잠재적인 청중의 문화를 전형화하는 이해의 틀에 부합해야 한다는 점을 말하는 것이다(팔머의 갈퉁 & 루게Galtung & Ruge in Palmer, 1998: 378).

다른 관련된 학문들에 대한 의존성을 인정하고 검토하는 것, 그리고 번역
연구가 끼칠 수 있는 더 넓은 문화적 충격을 고려하는 것을 막는다.

(베누티, 1998: 29)

그러나 번역물 연구에서 최종 도착점에 대한 지나친 강조와 어떤 특정한
전략에 미온적 태도를 보이는 것이 '오재현'에 대한 승인을 의미하는 것
은 아니라는 점을 명심해야 할 것이다.

　'오재현', 즉 외국의 것에 대한 재현물의 문화변용과 전유는 그것이
소통과 중개를 가능하게 만들어서 문화 간의 이해를 증진하도록 도와준
다는 점을 들어 종종 정당화된다. 그러나 이것은 반드시 사실은 아니다.
왜냐하면 이러한 상호작용이 타자를 이미지를 구성하기 위한 도구로 지
배적 문화의 가치를 사용하는 경향이 있기 때문이다. 그래서 번역은 우
리가 나머지 세상을 볼 수 있는 창이기보다는 우리 자신을 볼 수 있는
거울을 제공한다. 더구나 세계적 규모의 경제적, 문화적 교류를 일반화시
키는 것은 우리가 '하나의-세계 문화'가 출현하는 과정에 있다고 잘못 생
각하게끔 이끈다. 하지만 그것은 오히려 서구 자본주의에 지배되는 사회
적 실천의 표준화에 가깝다(파비스, 1996: 16-17).

　연극 번역연구에서, 위의 논의는 문화간 접촉의 파트너들은 거의 평
등하지 않으며 물질의 결합은 보통 파트너 중 한쪽에서 설정한 조건에
맞게 수행된다는 점을 명심하면서 외국 텍스트가 선정되고 도착체계를
생산적이게 만드는 데 사용되는 방식에 대한 분석으로 나아가게 한다.

생산적 수용 I : 양립성

연극 텍스트들을 그 원천 텍스트의 '자유로운' 번역물과 '충실한' 번역물

로 범주화시키는 것이 사소한 것으로 치부될 지라도, 두 텍스트 사이의 서로 다른 관계성은 여전히 설명되어야 한다. 연극 텍스트는 아마 그 어떤 다른 장르보다 그것들의 수용에 맞춰지며 그러한 조정은 항상 사회적으로 그리고 문화적으로 조건 지워진다. 하나의 예술 형태로서 연극은 사회적이며 공동의 경험을 기초로 하고 있다. 그것은 특정한 시기의 특정한 장소에 있는 집단의 사람들에게 전달되는 것이다. 연극은 직접적으로 한 사회, 그 사회의 집단적 상상력과 상징적 재현, 그 사회의 생각과 가치들로부터 나와 성장해간다.

텍스트의 선택과 조정은 외국의 연극 텍스트를 도착사회의 사회적 담화뿐만 아니라 수용하는 극단의 미학 속으로 통합시키려는 관심 속에서 진행된다. 외국의 것이 변장을 할 필요가 있는지, 그렇다면 어느 정도까지 그래야하는지, 자신의 극단과 사회와의 연결성이 강화될 필요가 있는지에 따라 조정은 텍스트 속의 다양한 요소에 행사될 수 있다.

외국의 작품은 이미 도착사회의 담화적 구조와 긴밀히 연결될 필요가 있거나 그것과 양립할 수 있도록 만들어질 수 있는 몇몇 담화 구조에 따라 선정된다. 통합을 강화시키거나 방해할 수 있는 구조에 대해서는 조너선 컬러*Jonathan Culler*(1975: 140-152)가 잘 보여준 바 있는데, 그는 한 텍스트가 다른 텍스트와 접촉할 수 있도록 하며 그것들과 관련해서 정의될 수 있는 방식, 즉 핍진성*vraisemblance*의 여러 층위들을 구분하였다. 연극 번역에서 그는 텍스트에 가장 큰 영향을 끼치는 다섯 가지 차원을 언급하지만 그것들은 또한 외국의 것이 새로운 맥락에 맞춰 다시 쓰여지는 방식에도 영향을 끼칠 수 있다.

핍진성의 처음 두 가지 층위는 번역 텍스트 선정에 가장 큰 영향을 끼친다. 가장 간단한 층위인 사회적으로 주어진 텍스트는 아무런 정당화를 필요로 하지 않는다. 직접적으로 세계의 구조에서 유래된 것으로 간주되기 때문이다. 이와 유사하게, 핍진성의 두 번째 층위인 문화적 전형은 진짜 현실의 재현이 일반화로서 받아들여진다. 이탈리아인은 요란하고, 핀란드인은 수줍음이 많으며, 타자는 예측할 수 없고, 경제학자와 경리는 지루하고, 계모는 심술궂다는 것은 서구 문화권 내에서는 인정할 수 있는 전형의 예들이다.6) 핍진성의 그 두 층위는 사회적 담화의 양립 가능성에 의존한다. 우리와 익숙한 경험주의적 현실을 반영하거나 정서적 현실을 반영하는 외국의 극 텍스트는 우리가 세상을 보는 방식과 양립할 수 없는 텍스트보다 더 쉽게 연극체계 속으로 받아들여진다. 연극 레퍼토리를 한번 훑어보면 자국의 연극이 세계의 일부로서 스스로를 보는 방식을 잘 알 수 있다. 어떤 문화는 새로운 연극 텍스트의 원천으로서 아주 인기 있는 파트너가 되는가 하면 다른 문화는 레퍼토리에서 파트너가 거의 되지 못하거나, 전혀 되지 못한다.

문화간 연극에서, 여러 가지 연극 관습이 상호작용을 방해할 수도 늘릴 수도 있다. 핍진성의 세 번째와 네 번째 층위는 각 장르가 자체의 특수한 핍진성을 구성하는 미학적 관습에 기반하고 있다. 우리는 외국 드라마의 특정한 유형의 비일관성들이 그 장르의 관습과 그것에 대한 우리의 역량 내에서 일어나는 한 우리는 그것들을 받아들인다. 전반적으로 드라마 공연의 기저를 이루는 기본 가정들이 다른 문화들 사이에서 동일

---

6) 이러한 예들이 보여주듯이 전형화는 부정정인 의미로 가장 자주 사용된다. 하지만 세계를 그 복잡성을 모두 살려 기술하기에는 시간과 공간이 결코 충분하지 않기 때문에 이것은 불가피하다. 그래서 전형화는 불가피하게 취사선택, 확대, 축소의 한 과정일 수밖에 없는데, 이는 한 사회 집단에 대해 인지된 하나의 속성을 취하고, 그 속성을 그것이 다른 모든 것들을 흐릿하게 지울 때까지 부풀린 다음, 그 집단을 대표하게 될 때까지 줄여서 일종의 문화적 속기로서 그 집단을 요약하는 것이다(메드허스트Medhurst, 1998: 284).

하긴 하지만(보이는 사건들은 실제라기보다는 허구이다, 살해당한 사람들은 실제로 죽은 것이 아니다, 배우들의 성격은 등장인물들의 성격과 일치하지 않는다), 거의 무한할 정도로 다양한 구체적이고 각기 다른 관습들은 다른 다양한 장르들과 하위 장르들을 지배하는 경향이 있다. 고전 그리스 비극이나 일본의 전통 드라마 공연을 지배하는 것과 같은 몇몇 관습은 매우 형식화되어 있고 엄격한 반면, 다른 것들은 어느 정도의 유연성을 허락하고 그것들이 발달해감에 따라 새로운 관습들이 각각의 사정에 맞게 어떤 형태로 드라마로 나타나게 된다(에슬린, 1994: 145-146). 그러나 또한 우리가 수용하고 있는 것이 일반적인 관습은 아니라는 함축적 표시나 드러난 표시가 있을지도 모른다. 비록 그것이 점진적으로 하나의 것으로 발전할지라도 말이다. 관객은 구체적으로 하나의 공연을 보며 극에 매료될 수도 있고, 아니면 극의 일부인 인물들이 내뱉는 말을 직접 듣고서 매료될 수도 있다. 이러한 점은 텍스트라는 것이 일반적 핍진성의 차원에서 이해될 수 있는 것이 아니라고 주장하기 때문에 환영의 일반적 관습이라는 틀은 깨어지게 된다. 관객과 공연 사이에 발생하는 거리는 화자가 어떻게 소설의 소재에 접근할 수 있게 되었는지를 설명하는, 그래서 진실과 허구라는 극점을 오가는 소설의 도입부와 유사하다.

다섯 번째이자 마지막 핍진성의 범주는 인지가능한 간텍스트성에 의존한다. 한 연극이나 영화는 아이디어를 빌려와서 그것의 소재로 다른 알려진 텍스트를 이용한다. 중세의 기적극은 성경의 이야기를 끌어왔고, 구로사와 아키라의 영화『피의 옥좌』는『맥베스』를 끌어왔다. 연극번역에서 모방 또한 흔해서 사람들은 보통 문화유산의 원형인 유명한 고전 작품의 인지가능성에 의지한다. 모방작을 쓰는 이면의 동기는 자신의 연극과 사회에 중요한 어떤 문제에 대한 보편성을 강조하거나 그 문제에 대한 재현으로서 외국 텍스트의 상징적 가치를 강조하려는 욕망일 수 있다.

외국 텍스트를 도착사회의 '현실'뿐만 아니라 도착체계에서의 다른 텍스트와 양립할 수 있도록 만들기 위해 번역은 통합의 장애물로 인식되는 것을 위장하려는 시도로 문화변용이나 자연화[7]를 이용할 수 있다. 문화변용은 익숙하지 않은 '현실'을 전유함으로써, 그리고 익숙한 것과 그렇지 않은 것 사이의 경계를 희미하게 해서 통합을 가능하게 함으로써 외국의 것을 부드럽게 하기위해 채택되는 과정이다. 원천 텍스트를 다시 쓸 때, 핍진성은 언어, 예절, 도덕 기준, 의례, 취향, 이데올로기, 유머 감각, 미신, 종교적 믿음 등과 같은 일반적 문화 관습과, 연극과 드라마의 특정한 극적 공연 관습에 속해 있는 관객의 수용능력의 수준에 따라 형성된다(알토넨, 1996: 18). 문화변용은 문화적 안착anchoring[8]에서 벗어나 어느 특정 문화와의 관계를 제거하거나 최소화시킨다.

내가 21세기 아일랜드 사실주의 드라마에 나타난 아일랜드 환경의 묘사를 핀란드어로 번역하는 것에 대한 연구에서 발견했듯이, 어떤 문화변용은 항상 외국 드라마 번역에서 발생한다. 핀란드와 아일랜드처럼 서로 관련된 문화들 사이에는 많은 곳에서 특정한(아일랜드의) 이미지에서

---

7) 제임스 홈즈James Holmes(1988: 47-48)는 자연화를, 원본의 언어 맥락, 문학적 간텍스트, 사회문화적 상황의 요소가 이 어떤 식으로 어떤 방식으로 도착사회의 맥락이나 간텍스트, 상황에 어울리거나 동등한 요소들로 대체되어지는 과정을 의미하는 것으로 사용한다. 베누티(1995a: 20)는 자국화를 외국 텍스트를 도착언어와 도착문화의 가치로 축소하는 자민족중심주의적 환원으로 정의한다. 나는 이 두 개념이 호환 가능하다고 본다.

8) 이 용어는 파트리스 파비스(1996: 10-11)에서 나온 것인데, 그는 그것을 문화간 연극에서 상호작용의 주요 형식 중 하나로 기술한다.

더 일반적인(유럽의) 이미지로 옮기는 것이 가능했다(알토넨, 1996). 또한 문화변용은 구체적인 공연의 연출가에 의한 의식적인 결정일 수 있으며, 이러한 예는 파비스(1996: 10)가 기술하다시피 라벨리Lavelli의 『서쪽 세계에서 온 한량』*The Playboy of the Western World*에서 잘 보인다. 여기서 번역은 의식적으로 그 텍스트의 아일랜드적 색채를 문화 변용했다. 문화의 상세항목들은 항상, 중화되지 않는다면 적어도 최소화될 수 있다고 파비스는 주장한다.

또한 문화변용은 자연화와 연루되기도 하는데, 자연화에서 외국의 것은 자신의 인지 가능한 기호들로 대체되게 된다. 자연화는 외국의 것의 영향을 부인하고 마치 그 극이 자국의 연극과 사회에서 나온 것인 양 몇몇 요소들을 다시쓰기 한다. 그것은 모든 것을 지배적 위치에 있고 이국의 문화를 자기 자신의 목적에 맞춰 바꾸는 도착체계의 관점으로 환원시킨다(파비스, 1996: 11).[9] 자연화의 한 예는 핀란드 최초의 『맥베스』 번역(1834)으로, 그것은 핀란드 민속시의 칼레발라Kalevala 운율을 사용했을 뿐 아니라 핀란드 민족 서사시의 또 다른 특징인 두운까지 사용했다. 그 연극은 또한 핀란드에서 핀란드의 인물과 암시들로 재설정되었다.

연극에서, 문화변용과 자연화는 원천 텍스트의 외국적 요소를 도착문화 안으로부터 다시쓰기 하는 방법들이다. 이런 방법들의 사용은 외국의 원본 텍스트를 위장하거나 혹은 적어도 부각시키지 않으려는 욕망, 그리고 그것의 현실들과 연극 미학을 도착사회의 것들과 양립할 수 있도록 만들려는 욕망에 의해 동기화 된다. 타자성에 대한 태도가 그 자체로 도착문화에서 중요한 문제일 수 있지만, 번역 또한 번역전략의 선택에 의해 이러한 담화에 피할 수 없이 기여한다. 외국의 연극 텍스트는 기타

---

9) 파비스는 이러한 전략을 '전유'라고 부른다.

다른 이유들로도 조작되기에 번역전략 선택에서의 한 가지 중요한 고려
사항은 타자를 도착사회의 어떤 사회적 비평 도구로 바꿀 필요성일 것이
다.

생산적 수용 II: 통합

주요 개작 전략에서 외국의 연극 텍스트는 목표 연극의 레퍼토리 안으로
통합되어 목표 사회 담화의 일부가 되는 원천 텍스트와 그것의 번역물
간의 관계는 대략 세 개의 넓은 범주로 나누어지며, 그것은 규모 상 세
개의 뚜렷한 핵심이기보다 하나의 연속변이를 형성한다. 그 관계는 번역,
연극, 영화연구와 같은 관련 분야의 학자들에 의해 구별되어 왔고, 그것
모두는 이전 텍스트를 기초로 새로운 텍스트의 창작을 다룬다.

아니 브리세는 퀘벡에서 한 연극 번역연구에서, 얼마나 많은 원천
텍스트가 번역에 사용되는가에 비추어 외국의 원천 텍스트가 토착 연극
을 위해 다시 쓰이는 방식을 분류하였다. 원천 텍스트를 완전히 번역한
텍스트도 있었지만 원천 텍스트의 일부만 번역되고 다른 부분은 사라지
거나 다양한 유형의 변형을 겪은 것들도 있었다. 그녀가 후자 범주에 속
하는 것으로 기술한 각색물들은 재실현물과 모방물을 포함한다. 브리세
의 정의에서 재현실화는 외국극의 공간적, 때로는 시간적 전환과 관련된
반면, 모방은 그 자체의 정당성에 따라 새로운 작품을 생산하는 가장 근
본적인 형태의 각색이며 원본은 오직 간텍스트_intertext_로서만 살아남는다
(브리세, 1996: 12).

연극연구에서 이와 유사한 범주화가 연출가가 공연을 위한 기초로
텍스트를 사용할 수 있는 것과는 다른 방식으로 이루어져 왔다. 돈 테일
러_Don Taylor_(1996: 27, 35, 39)가 자신의 저서인 『연극 연출』에서 연출가의

세 가지 다른 유형들 사이의 차이를 구분할 때, 연출가 겸 극작가인 그는 한 연극 텍스트로의 접근에 대한 선택은 연출가에 달려있는 것이지 어떤 체계나 문화의 요소에 따라 달라지는 것이 아니라는 뜻을 내비친다. 테일러가 말하는 텍스트 연출가, 번역자 연출가, 작가 겸 연출가는 각각 무대를 준비하는 텍스트를 사용하는 데 그들의 개성적인 방식을 가지고 있다. 텍스트 연출가는 공연에서 텍스트에 중심적인 역할을 부여하여 가능한 한 텍스트를 면밀하게 따르려고 노력한다. 그들은 "저자가 의미하는 바의 구석구석까지 뚫고 들어가고 그러한 의미들을 무대에서 보여 줄 가능한 가장 좋은 방법을 생각해내는 것"을 목표로 한다. 텍스트 연출가의 상상력은 텍스트에 의해 제약을 받는다. 변형 연출가에게는 어떤 것도 가능하다. 그들에게 극이란 공연을 위한 재료이다. 즉, 극은 특정한 진술을 하기 위하여 사용할 수 있는 요소들을 제공한다. 변형 연출가는 언제든지 극작가의 텍스트를 자르고, 필요하다면 작품 전체의 양상들을 빼버리고, 심지어는 다른 작품들의 재료를 삽입할 태세가 돼 있다. 그들은 극작가의 구조를 무시하고 그 위에다 거리낌 없이 자기 자신의 새로운 구조를 덧씌울 지도 모른다. 작가 겸 연출가에게 극은 새로운 연극이 구성되는 중심이 될 아이디어나 개념을 제공한다. 극작가는 단지 제작팀에 있는 하나의 요소가 되며 공연 대본은 그 팀의 모든 구성원들과의 협력 속에서 발달된다.

또한 이와 유사한 기술들이, 가령 소설이 영화화될 때처럼 다시쓰기가 장르뿐만 아니라 매체의 변화에도 관련될 때, 적용될 수 있다. 더들리 앤드류Dudley Andrew(1984: 98-100)는 한 영화가 그것의 원조가 된 소설과 어떤 관계가 있는지를 기술하기 위해 변형, 교차, 차용이라는 범주들을 제안했고, 그의 범주들은 대체로 브리세와 테일러가 구분한 범주들과 대응한다. 텍스트 연출가가 텍스트를 존중하고 원천 텍스트 일부가 아닌 전체를 번역하는 것도 그렇다. 마찬가지로 앤드류의 변형은 원래 텍스트에서 본질적이라고 간주되는 것을 영화에서 재생산하는 것을 목적으로 한다(예를 들면, 1990년대 앙 리 감독이 제인 오스틴의 『이성과 감성』을 영화로 만든 것이 그러하다). 그러나 다시쓰기가 원본에 대한 '충실성'의 기준을 거부할 때, 전략은 교차나 차용 중 하나가 된다. 앤드류의 분석에서, 교차는 원천 텍스트의 독특함을 부각시키고 그것의 굴절을 창조하는 각색 기술이다. 원작이 그 형식의 아름다움이 복잡하지만 완전히 인공적인 부분들의 조합으로 이루어진 생산물인 크리스탈 샹들리에와 같다면, 그것의 상연물은 그 샹들리에를 교차하는 조명과 같다. 그 샹들리에의 형태나 빛의 특질을 드러내는 것이 아니라 샹들리에로 인해 여기 저기 어두운 구석에 감추어진 것이 드러나게끔 해주는 것이라 할 수 있다(앤드류, 1984: 99)[10]. 그래서 상연물의 목적은 외국 텍스트를 재현실화하는 것인 테일러의 변형 연출가의 목적이나 브리세의 번역물의 목적과 유사하다. 꼭 들어맞는 예가 히치콕의 『사보타지』*Sabotage*인데 이 작품은 조셉 콘래드의 『비밀요원』*Secret Agent*에 기초하고 있다. 앤드류의 범주들은 차용으로, 거기서 대개는 성공적인 이전 텍스트의 자료나 아이디어, 형식이 어느 정도로 사용된다(예를 들어, 아키라 구로사와의 『맥베스』). 이와 동일한 전략이 이전 텍스트에 기초하여 새로운 텍스트를 쓰는 작가 겸 연출가와 원천 텍스트의 모방작(혹은 패러디)을 쓰는 번역물에서 사용된다.

위에서 언급한 세 가지 범주화는 원천 텍스트가 저술될 수 있는 여러 가지 전략들을 특징적으로 보여준다. 외국 텍스트 담화가 도착문화체

---

10) 앤드류의 기술은 소설과 영화 사이의 관계에 대한 것이다. 나는 여기서 그것을 연극 작품에 적용한다.

계의 연극미학뿐만 아니라 도착사회의 사회적 담화와 양립할 수 있는 것으로 간주될 때, 그 원천 텍스트 전체가 번역될 가능성이 크다. 그러나 외국 텍스트가 공연을 위한 잠재성이나 도착사회의 중요한 이슈를 대변할 만한 잠재성을 가진 적절한 원재료 혹은 양호한 이야기로만 간주될 때, 그것의 일부만이 번역될 것이고, 다른 것들은 삭제되고 새로운 것들이 도입된다. 그러나 번역은 여전히 원천 텍스트 전체를 여전히 존중하는 것으로 간주되며, 원천 텍스트에서 본질적이라고 간주되는 것을 교차시킴으로서 원천 텍스트를 굴절시킬 뿐이다. 세 번째 범주에서, 외국 텍스트는 어떤 아이디어나 주제를 제공하거나, 연극으로 더 발전될 수 있는 어떤 개념을 제공한다.

이런 범주화는 그것이 전략들 사이에서 일어나는 선택의 기저에 있는 코드와 관련되는 한에서 흥미롭다. 번역자는 연극 텍스트를 쓰는 작가들처럼 원천 텍스트의 담화를 이를 수용하는 연극체계와 도착사회 전체의 담화에 조율하기 위해 적절한 전략을 사용하며 이렇게 해서 원천 텍스트 담화의 수용과 통합을 보장한다.

생산적 수용 Ⅲ: 타자성

연극 작품은 항상 특정한 시점의 특정한 장소의 관객과 밀접하게 관련되어 있고, 그 결과로 외국의 드라마 텍스트가 다른 문화권 공연용으로 선택될 때, 피할 수 없이 전체 작품뿐만 아니라 그 번역작품도 타자에 대한 반응을 드러낸다.

우선, 무대는 어떤 텍스트에는 열려있지만 제안되는 모든 텍스트에 개방적이진 않다. 위에서 논의한 폅진성의 처음 네 가지 층위가 가리키는 것처럼 텍스트는 그 체계 속에서 다른 텍스트들과 접촉하게 되고, 그것들과의 관계 속에서 '현실성'과 이에 관련해서 사용되는 관습들에 대해 동일한 관점을 공유하는 정도에 기초하여 정의된다. 자신의 사회적 담화와 사회적 담화가 양립가능해 보이는 문화권에는 세계를 다르게 보는 문화권에 비해 우선권이 주어진다. 여러 가지 연극 및 드라마 관습들은 다른 문화의 텍스트에 대한 인정을 촉진시키거나 방해할 수 있으며, 이것은 유럽의 연극 레퍼토리에서의 중국, 일본, 인도, 아프리카와 같은 광범위한 지역에서 나온 연극 텍스트의 부재, 그리고 다른 유럽 국가와 북미같은 다른 지역에서 나온 텍스트들의 과잉 재현을 설명해주는 사실이기도 하다.

오로지 특정한 문화권들만 자기 문화의 문화 자본을 증대시킬 수 있는 상징적 상품을 소유하고 있는 것처럼 보이고 다른 문화들은 이러한 기능을 완수하지 못하는 것 같다. 1993-1994 연극 시즌에서 핀란드의 연극 다중체계로 통합된 드라마 번역 작품들의 가장 인기 있는 다섯 가지 원천문화는(저자의 국적을 기준으로) 전체 공연 중 10%는 영국, 9%는 미국, 4%는 프랑스, 7%는 스웨덴, 3%는 러시아였고, 반면 주류 연극에서 핀란드 관객들은 단 한 편의 아르헨티나, 칠레, 에티오피아, 네덜란드, 아일랜드, 이스라엘, 유고슬라비아, 캐나다, 스위스 연극만을 보았다(알토넨, 1996: 15).

일류 문화 자본의 원천이 되는 몇몇 문화의 상징적 가치는 한 나라의—혹은 개별 극단의—정치적 과거와 선호도에서 전반적인 무역 관계와 외국어에 대한 지식에 이르기까지 다양한 다른 요소들과 관련될 수 있다. 한 나라에서 다른 나라로의 문화적 유입에서, 한 나라의 지리적 상황, 즉 특정 국가와의 거리와 그 나라의 인구 규모는 가령 상업적 이익보다 중요성이 덜한 것 같다. 예를 들어, 지리적 위치에 의거한다면 러시아는 핀란드와 가장 가까운 문화적 동맹이 되었어야 했을 것이다. 하지만 핀란드의 문화적 유입은 미국과 영국으로부터 압도적으로 이루어졌고, 다른 나라들, 특히 러시아는 한참 떨어졌다(얄로넨Jalonen, 1985: 269). 정치적으로, 따라서 문화적으로 러시아와 거리를 두려는 바람과 맞물려 있는 상업적 요인들로 인하여 독립 기간 동안의 핀란드의 문화 수입은 미국과 영국의 지배에 개방되게 되었다.

인도의 토착 문화를 질이 낮고, 인도 자신의 과거나 더 활기 있는 서양 전통으로부터의 문화적 추동을 필요로 하는 것으로 간주했던 인도의 영국 식민 통치자들은 드라마 모델을 확립하고 1850년대 봄베이에서 번성했던 파시 연극 단체들의 연극 선택을 주도했다. 이때부터 매우 인기를 끌게 된 이러한 단체들은 영국이 운영하던 학교나 대학과 직접 관련을 맺고 있는 아마추어 단체에서 발달했다. 그래서 그들의 레퍼토리는 셰익스피어, 몰리에르, 칼리다사Kalidasa 등 인도와 영국의 고전 모두로 구성되어 있었지만, 또한 유럽 연극의 물질적 문화를 인도에 전수받기도 했다(룸바, 1997: 114-115).

정부를 새로 수립한 민족은 역사적인 이유들에서 조종을 당할까봐 두려워서 우세한 문화로부터의 문화적 수입에 강하게 반대하는 반응을 보이고 그 나라의 독립에 위협으로 보이는 것에 대해 적대적으로 행동할 수 있다. 보통 민족부흥은 그렇게 보이는 문화로부터 거리를 두려는 욕망으로 특징 지워진다. 그 좋은 예가 퀘벡이며, 거기서 프랑스나 캐나다의 영어 사용권으로부터의 연극 수입이 배제되거나 최소화되었다(브리세, 1996: 54-55). 1917년에 독립한 핀란드는 첫 몇 년간 옛 식민 국가에 다시 의존했다. 두 번의 세계대전 사이에 핀란드 국립 극단은 단 여덟 개의 소련 연극만을 제작했고, 2차 세계 대전이 끝난 후에는 소련 연극은 주로 공개적 좌파인 노동자극단에서 제작하였다. 1960년대 후반까지도 소련 연극은 런던을 통해 핀란드로 들어오곤 했다(파보라이넨Paavolainen, 1992: 267).

그러한 외국의 연극 텍스트들은 자기 자신의 문화를 정의내리는 데 매우 중요할 수 있다. 핀란드 국립 극단이 1872년에 설립되었을 때, 국내 드라마는 그 나라의 레퍼토리에 있는 연극 중 4분의 1만을 구성하였다. 유사하게, 폴란드 국립 극단이 폴란드어 연극에 사용되기 위해 1765년 그 나라의 수도에 설립되었을 때, 그것들 모두가 외국 저자의 번역작품이었다(하트놀, 1990: 651).

번역 대상으로 선택된 외국 텍스트는 외국의 것에 대한 태도에서 미학적으로나 사회적으로 독창적인 작품과 동일한 제약 아래 있지만, 자국의 공연용 작품과 달리 번역물은 외국의 것이 새로운 주인에게 봉사하기 위해 다시 쓰이는 방식을 통해 간접적으로 타자성에 대한 태도도 표현하게 된다.

아니 브리세(1996: 196)는 외국의 연극 텍스트를 번역할 때 사용되는 다시쓰기 전략들과 퀘벡에서의 사회적 담화 간의 연결성에 대한 연구에서, 자연화naturalisation가 외국의 것을 문학 제도로 수용하기 위한 필수조건이라는 점을 발견했다. 번역자의 임무는 해당 외국 작품에서 특별하거나 독창적인 것을 수용자에게 소개하는 것이기보다는 그 외국 작품을 퀘벡의 '리얼리티'를 재현하는 운반체로 바꾸는 것이었다. 브리세가 자신의 연구를 위해 택한 기간인 1968년부터 1988년까지는 사회적 담화의 변화가 두드러진 시기로, 자신을 타자로부터 거리를 두려고 하는 노력으로 특징 지워진다. 또한 이 시기는 자기의 정체성 확립의 면에서 정치적으로나 문화적으로 중요했다. 브리세는 인쇄물로 출판된 연극번역물뿐만 아니라 몬트리올과 퀘벡의 일곱 개 최대 극장에서 공연한 번역물도 분석하였다.

브리세(1996: 10)에 따르면, 외국의 원천 텍스트 다시쓰기에 사용된 번역전략들은 타자성에 대한 세 가지 다른 접근법을 보여준 하나의 담화를 확립시켰다. 우상파괴적 번역iconoclastic translation에서, 원천 텍스트가 재현실화되거나 혹은 번역물이 모방작이 되거나 그것의 패러디가 되었다. 우상파괴적 번역은 원천 텍스트의 구조를 붕괴시키고 그것의 단편들을 이용하여 하나의 다른 작품을 생산하는 것으로, 창작과 고유한 의미의 번역 사이에 놓이게 되었다. 그러나 외국의 것과의 관계는 완전히 훼손되지 않았는데, 왜냐하면 외국 작품들은 여전히 자국 연극이 스스로를 정의할 때 반대편에 놓이는 참조점으로 사용하였기 때문이다. 두 번째 양식인 언표수행적 번역perlocutory translation은 원래 텍스트의 전제들을 변형하고 그것의 관점을 조작함으로써 청중의 의식 속에서 특정 반응을 만들어내는 것을 목표로 했다. 생략과 첨가가 도입되고 원천 텍스트의 주제와 이미지에 새로운 동기에 부여되었다. 세 번째 양식인 정체성-형성 기능identity-forming function은 모국어인 퀘벡어에 대한 추구와, 그것을 통해 위협으로 인식된 문화와 자신을 구분하려는 욕구에 밀접하게 연관되었다. 중요한 것은 북미의 문화적 용광로에서 다른 것들과 섞이지 않는 것이었으며 또한 옛 식민지배자인 프랑스와 거리를 두는 것이었다. 모국어의 존재가 '퀘벡의 자유', 즉 독립과 주권을 위한 필수조건을 형성하는 것처럼 보였던 것이다.

브리세의 목적은 하나의 특수한 분야인 연극에서 번역과 사회적 담화 사이의 관계를 연구하는 것이었다. 그녀의 주된 관심사는 특정한 역사적, 사회적 상황에다 연극의 사회적 기능을 끼워 맞추기 위해 외국 텍스트들이 선택되고 다시 쓰이는 방식에 있었다. 아이태머 에벤-조하르의 연구결과는 또 다른 분야인 문학체계 연구에서 도출되었으며, 그의 연구는 번역물이 문학체계에서 차지하고 있는 위치와 그것들이 그 속에서 가지는 혁신자로서의 잠재성에 가장 비중 있게 집중했다. 에벤-조하르는 번역물이 수용하는 문학체계의 미학과 관계하는 여러 가지 방식에 초점을 맞춘다. 그것들의 특징을 기초로 하여 그는 문학체계를 강한 것과 약한 것으로 나누고, 번역물의 위상뿐 아니라 그것들의 혁신적인 잠재성 또한 이와 관련된다는 점을 발견하였다.

에벤-조하르(1990: 46-49)는 번역된 문학이 문학의 다중체계에서 중심적인 위치를 차지할 수 있게 되는 세 가지 조건이 있다고 주장했다. 그러한 중심성은 한 문학이 새롭게 확립되는 과정에 있을 때 예상될 수 있다. 이때 번역된 문학은 그 신생 문학이 자신의 새롭게 확립된 언어가 가능한 한 많은 문학 형태들에 사용될 수 있어야 한다는 필요를 충족시킨다. 신생 문학은 즉시 그것의 생산자에게 알려진 모든 유형의 텍스트를 만들어낼 수 없기 때문에 다른 문학들의 경험에서 혜택을 받는다. 두 번째로, 번역문학의 중심적 위치는 그 나라의 문학이 주변적이거나 약할 때 예상할 수 있고, 세 번째로 그 나라의 문학에 전환점이나 위기, 문학적 공백이 있을 때 예상할 수 있다. 이러한 상황은 사용할 수 있는 자원에 한계가 있고, 더 큰 문학의 위계 내에서 그 입지가 전반적으로 주변적이고 비교적으로 발달된 문학에 적용된다. 그러한 문학은 종종 인접한 문학들에서와 같이 모든 영역이 만개한 문학적 활동을 발달시키지는 못한다. 인접 문학의 현재 상태에 비추어볼 때, 그런 문학은 매우 필요하다고 느껴지는 것을 결여하고 있을 수 있고, 이러한 결여는 번역 문학에 의해 완전히 또는 부분적으로 채워질 수 있을 것이다. 번역 텍스트가 문학의 다중체계에서 중심적인 위치를 차지하고 있을 때, 원본과 번역물 간에는 뚜렷한 구별은 없다. 번역물은 혁신자로서 기능하고, 이렇게 해서 '강한 문학'에서였다면 자생적인 글쓰기가 했을 법한 역할을 떠맡는다. 강한 문학에서는, 번역물들은 주변적 위치를 유지하고 있기 때문에 주변적 체계를 구성한다. 그것들은 주류의 문학 생산과정에 아무런 영향력도 미치지 못하고, 도착문학의 한 지배적인 유형에 의해 이미 관습적으로 확립되어 있는 규범에 따라 그 모델이 만들어진다. 번역 문학은 보수주의의 주요한 한 요소가 된다.

그래서 에벤-조하르의 모델에 따르면, 우리는 새로 태어나는 '약한 문학'이 강한 문학보다 타자성에 더욱 관용적이어서 외국 극을 도착 코드에 맞춰 고칠 필요가 없다고 여길 것이라 예상할 수 있다. 약한 체계에서 외국의 것이 번역을 위한 외국 텍스트 선정에서 우선적인 중요성을 가질 것이며, 반면 강한 문학들은 외국의 것을 혁신이나 영감의 원천으로서 보는 데 흥미가 없을 것이다. 강한 문화는 오히려 타자의 타자성을 덮어 버림으로써 타자를 동화하려고 할 것이다.

에벤-조하르의 모델, 특히 강한 문학체계의 행위에 대한 그의 견해는 어느 정도 의문시 되어 왔다. 예를 들어, 겐츨러Gentzler(1996: 117-119)는 에벤-조하르의 다체계 이론이 개발도상국이나 근본적인 변화를 겪고 있는 나라들에서부터 신흥 국가의 문학을 연구하기 위한 도구로서 그 가치가 점점 더 상승하고 있지만, 잘 발달된 문학 전통과 많은 다른 종류의 글을 보유한 강한 문화에서의 번역의 역할에 대한 그의 주장은 설득력이 약하다고 지적한다. 겐츨러는 번역물이 겉으로 강해 보이는 문화 내에서 조차 중요한 혁신적 역할을 할 수 있다고 주장한다. 이 주장을 뒷받침하기 위해 겐츨러는 미국에서의 문학의 하위체계에 대한 자신의 연구를 거론하며, 또한 브리세의 연구에서와 같이 퀘벡의 번역물이 정체성을 형성하고 확립된 제도를 전복하는 데 담당해온 역할에 대해 진행된 연구를 거론한다. 예를 들어, 퀘벡에서의 번역은 어떤 외국의 텍스트를 도입하는 방식이라기보다 어떤 뚜렷한 민족지적이고 정치적인 개체에 합법성을 부여하는 방식이었다.

겐츨러(1996: 119)는 강한 문학체계에서 문학번역에 관해 일반화시킬 만한 충분한 자료가 수집되지 않았다는 의견을 피력한다. 그는 강한 문학체계에서의 번역의 역할에 관한 연구를 위해 드 세르토가 윤곽을 그린, 일상의 회피적 순응성과 실천이라는 문화연구 모델을 제안한다.11) 겐츨러에 따르면 번역학자들은 문학 혁신의 중심으로부터 동떨어져 있다 할지라도 혁신을 위해 번역물을 이용하는 그런 소수 집단에 초점을 맞추어야 한다.

문학(과 연극)체계가 외국 텍스트에 반응하는 방식은 확립의 과정 중에 있는 새로 부상하는 체계에서 더 예측 가능한데, 왜냐하면 이러한 체계들은 매우 획일적이고 동질적인 구조일 수 있기 때문이다. 강하게 확립된(또한 약하기도 한) 체계는 대체로 세분화되고, 그 속의 소수 집단은 대형 기관과는 독립적으로 자기 자신의 삶을 이끌어 가기 시작한다. 그 결과로, 그 속에서 번역물이 담당하는 역할도 다양해지고 특정한 하위체계들과 연결될 것이다. 또 다른 고려사항은 외국 텍스트의 원천문화

---

11) 미셸 드 세르토는 『일상의 실천』*The Practice of Everyday Life*에서 사회과학은 일상에서 제도에 의해 부과되는 의례나 재현들을 전유하고 전복하는 세세한 행위들을 포괄하지 못한다는 점을 지적하면서, 실천적 접근의 중요성을 강조한다. 예를 들어, 어느 도시를 높은 곳에서 조망하는 것은 시각적으로 소유할 수 있는 대상으로 변한 텍스트이지만, 그것은 일종의 지식의 허구이며, 다양한 이야기와 생동감이 넘치는 골목 하나하나에 가해지는 폭력이라는 것이다. ― 역자

나 국내체계의 기관들과 그것들의 고정된 모델로 재현되는 문화적 위계인데, 그것은 강하거나 약한 체계의 유형이 미처 예기치 못한 전복적인 행위로 이어질 수 있다. 사실상 이것 중 어떤 면은 이미 에벤-조하르가 문학체계는 자기의 번역된 문학에 층을 지워서 그 중 한 부분은 중심적 지위를 떠맡게 하고, 나머지는 주변적으로 내버려둔다고 주장했을 때 제기된 바이기도 하다(1990: 49). 문화적 위계에 대한 체계의 행위뿐만 아니라 체계의 세분화까지 고려하게 되면 그 체계 전체에 대한 일반화는 불가능하지는 않더라도 더욱 어려워진다.

겐즐러가 제시한 바에 따르면, 드 세르토의 문화연구 모델은 하위체계가 어떻게 작용하는지, 또한 어떤 약한 주류12) 문학이나 연극체계가 자기보다 우위에 있다고 인식하는 문화에 대해 어떻게 기능하는 지에 대한 흥미로운 통찰을 명확하게 보여준다. 그러므로 연극체계의 위상학에 유용한 추가적인 고려사항은 도착체계의 세분화와, 원천문화와 도착문화 간의 위계 관계가 될 터이다. 이처럼 번역 행위에 대해 에벤-조하르, 브리세, 겐즐러에 의해 시작된 논의는 외국 텍스트의 담화가 어떤 식으로 도착체계와 사회에 통합되는지에 대해 초점을 맞춤으로써 지속될 수가 있다. 그러한 방식은 도착체계의 성격, 그것의 세분화, 상호작용하는 두 문화의 위계적 지위에 대한 인식에 따라 달라진다.

도착사회의 기저에 흐르는 코드나 담화와 관련된 여러 가지 번역전략들은 타자성에 대한 경의나 전복(반란 혹은 무시)을 나타낼 수 있으며 서로서로 구별될 수 있다. 앞 절에서 논의한 브리세, 테일러, 앤드류에 의

---

12) 브리세(1996: 33)는 그녀의 연구에서 그루슬린Gruslin의 정의를 인용하여 제도적 단체를 가장 많은 보조금을 받으며, 가장 유명하고, 역사상 가장 오래된 것으로 정의한다. 나는 '주류'라는 용어를 이러한 극단을 지칭하면서 사용한다.

해 제기됐듯이, 텍스트 중심 번역은 원천 텍스트의 여러 가지 구조를 반복하고 그 전체를 번역하는 반면에, 번역전략으로서 각색은 원천 텍스트의 본질로 생각되는 것을 교차하거나 그 속에 있는 어떤 개념이나 주체를 중심으로 새로운 연극을 쓴다. 그래서 각색은 원천 텍스트의 일부만을 번역함으로써 그것을 재현실화reactualization하고 다른 부분은 사라지거나 변한다. 각색은 외국의 원천 텍스트를 공간적으로 그리고/혹은 시간적으로 재현실화하는 것이겠지만, 이 모든 경우에서 각색은 여전히 원천 텍스트를 도착체계에서 재현한다고 주장한다. 마지막 범주이자 각색의 하위범주인 모방은 외국 원천 텍스트에서 아이디어나 주제를 빌려와서 그것을 중심으로 새로운 연극을 쓴다.

문화적, 사회적 고려와는 별개로 번역전략의 선택과 그것을 통한 번역 방식의 선택은 또한 경제적 요소에 의해 제약을 받을 수 있는데, 이는 종종 외국 텍스트가 다시 쓰이는 방식에 직접적인 영향을 끼친다. 경제적 고려사항들은 현재의 서양 연극에서 점점 더 그 역할이 중요해지고 있다. 여기서는 재정상태가 하위체계 전체를 생성할 뿐만 아니라 파괴시킬 수도 있다.

경의

번역방법이 경의일 때, 외국의 것은 번역 대상으로 선택된 텍스트에 의해 재현되면서 내내 존경받고 존중받는다. 이러한 텍스트는 그 전부가 번역되거나, 본질적인 것으로 여겨지는 어떤 특성—종종 연극 미학의 측면들에 해당하는—을 자국의 언어·문화적 체계 속으로 이식하려는 노력이 행해진다. 번역물은 자국체계에서도 문화적 자본을 증가시키기 위한 방법으로서 사용되는데, 이는 다른 자질들 중에서 한 문화가 문화 위계에서 차지하는 위치를 결정짓는다. 문화 자본은 자신의 것이든 외국의 것이든 상징적 상품들을 통해 증가되는 것으로, 그것의 가치는 위계 구도 속에 있는 문화들에 의해 평가된다.[13) 연극체계가 번역을 통해 문화적 자본을 증가시키길 원할 때, 그들은 상위 문화와 그 문화의 정전화된 저자와 텍스트를 찾는다.

외국의 저자들, 외국의 텍스트, 이들 텍스트 중 어떤 자질들은 존경을 받으며, 번역물이 국내의 저술에 영감을 불어넣음으로써 원천 텍스트의 바람직한 특질들을 도착체계에서 더 많이 생성해낼 수도 있을 것이다. 외국의 것들이 더 우월하다고 여겨지는 문화체계에서 들어올 때 여기 거는 희망은 결과적으로 도착사회도 텍스트의 우월성을 일부 공유하게 될 것이라는 점이다. 그러한 교류를 통해, 타자의 속성들과 긍정적인 특질들을 자기 속으로 받아들여 자국체계가 그것과 하나됨을 경험하게 해준다. 또한 하나의 번역 양식으로서 경의는 외국의 것을 영감의 원천으로 자국체계에다 이식하려는 의도나, 도착문화의 사회적 담화에 속한 몇몇 문제들을 풀기 위해 그것을 사용하려는 의도를 내포하고 있을 수 있다.

외국의 것이 우월한 것으로, 그리고 자국체계에 결여된 어떤 바람직한 특질을 소유하고 있다고 인식될 때, 타자성이 부각되고 그것을 가장 disguise시키려는 어떤 노력도 행해지지 않는다. 경의는 '원본'을 매우 중시하는 것을 통해 잘 드러나며, 생략과 첨가를 피하고 원천 텍스트의 서사적이고 행위자적actantial[14) 구조를 반복하기 위한 노력이 행해질 것이다.

---

13) 문화 자본의 개념은 프랑스 사회학자인 피에르 부르디외Pierre Bourdieu(1992)에게서 나온다. 여기서는 개인이 아니라 문화 전체에 적용된다.

14) 이 용어는 러시아 전설에 관한 프로프Propp의 서사학적 분석과 관계가 있다. 행위자는 등장인물이나 배우와 반드시 동일한 것이 아니라, 수많은 초점들 위에 퍼져 있거나 혹은 어떤 이름을 가진 등장인물 단위에 내적인 모순으로 새겨진 어떤 힘과 같다.

번역물은 동일한 수의 등장인물을 이용하고 장면들을 다소 동일한 순서로 배치할 것이다. 공간적, 시간적 배경은 원천 텍스트의 것들을 반복할 가능성이 높고, 그것의 시학들 역시 자연화시키려는 노력이 거의 행해지지 않는다. 그 결과, 번역의 담화는 언어 말고도 아무것도 원천과 그것의 번역을 분리시키지 못한다고 주장한다.

원천 텍스트를 매우 중시하는 번역전략은 무엇보다 연출가의 텍스트 중심적 접근에 부응하며, 영화 이론에서 이에 해당하는 전략은·변형이다. 이러한 전략들에서 원천 텍스트는 도착체계와 사회의 담화에 맞춰 더 조정할 필요가 없는 완성된 작품으로 여겨진다. 경의의 방식은 또한 타자를 동등하게 여기거나 능가하려는 이기적인 동기를 가진다는 점에서 언표수행적 요소도 포함한다. 브리세(1996: 110)가 정의하는 언표수행적 효과는 도착 텍스트에 원천 텍스트에는 없는 설득적 기능이나 명령적 기능injunctive function[15)]을 부여하고 수용자의 특정한 반응을 유발하기 위한 어떤 선택을 통해 성취된다. 예를 들어, 자국체계의 정체성 형성의 관점은 자국의 관용어의 지위를 향상시키려는 노력으로 이어질 것인데, 이를 통해 외국의 텍스트는 자국체계와 관용어가 발전할 수 있는 잠재력을 가지고 있거나 이미 충분히 발전되어 있어서 우월한 문화의 텍스트를 수용할 수 있음을 증명하기 위해 사용될 것이다. 그 제안은 이어서 전체 국가와 문화로 확대될 수 있다. 브리세(1996: 174)가 일련의 생각을 설명했듯이, "모국어의 존재는 그 언어의 화자가 그 언어에 독특한, 그리고 오직

예를 들어, 안티고네Antigone는 그녀 자신의 욕망을 욕망하는 자이자 그에 대한 장애물로서 간주될 수 있다(멜로즈Melrose, 1994: 18-19).

15) 로만 야콥슨이 말한, 소통의 매개로서 언어의 기능 중 하나인 명령적 기능은 메신저와 수신자 사이의 관계를 정의한다. 즉, 메시지가 수신자로부터 어떤 반응을 불러일으키는 기능이다. ─ 역자

그 언어에만 독특만 한 문화에 따라, 즉 존재론에 따라 세상 속에 존재한다고 전제한다." 경의가 언표수행적 요소를 포함하고 있을 때 도착문화는 사실상 두 개의 다른 문화에 관계하는 것처럼 보일 수 있다. 그것의 원천 텍스트는 도착체계에서 이득을 취할 수 있는 한 우월한 문화가 있고(경의), 자기 자신이 가진 것에 대한 위협으로 보이는 타자가 있다. 번역은 그래서 그 위협을 제거하는 수단으로 사용된다.

연극체계가 아직 완전히 발전되지 못했고 사회적 담화는 주권과 독립에 대한 주장이 특징 지워지는 신흥 국가들은 몇몇 외국문화를 문화 자본의 바람직한 원천으로 여기면서 이에 의지할 가능성이 있다. 이와 비슷하게, 민족 부흥의 시기에 생산된 번역물은 그 목적에 적합한 것으로 인지되는 원천으로부터 상징적 상품을 수입하는 것을 통해 그 자신에 대한 인정과 자신의 연극, 언어, 문화에 대한 정당화를 실현시키기 위한 노력에 목소리를 내는 것을 목적으로 한다. 개발도상국의 토착 연극과 문학은 번역된 텍스트를 통해 그들의 독립은 아니더라도 이러한 우수한 문화의 어떤 자질을 습득하기를 바란다. 토착 사회의 목표체계와 언어는 외국 문화에 필적할 만한 잠재력을 가지고 있음을 증명하는 것이 똑같이 중요하며, 이것을 증명하기 위해, 이 주장을 뒷받침하기에 중요하다고 생각되는 원천 텍스트의 그러한 모든 자질을 보유하는 것이 중요하다.

한 적절한 예가 19세기에 국립 극단으로 첫 걸음을 내디딘 핀란드 연극이다. 핀란드인들은 1155년부터 1809년까지의 거의 700년 동안을 스웨덴 왕국의 지배하에 살았고, 그 뒤 1917년까지 다시 100년 동안 러시아에 합병되었다. 경제적, 문화적 부흥은 라틴계 사람들이 교회 내에서 지위를 잃어가기 시작한 1500년대에 뒤늦게 시작되었고, 학자들은 핀란드어로 옮기는 몇몇 번역 활동에 착수했다. 최초로 출판된 핀란드어 책은

16세기 중반쯤에 나온 알파벳 입문서였는데, 『신약성서』가 핀란드어로 번역되기 몇 년 전이었다. 핀란드어로 옮겨진 최초의 소설 번역물은 하인리히 초케Heinrich Zschokke가 독일어로 쓴 『연금술사의 마을』*Goldmacherdorf*로 1834년에 완성되었고, 1860년대 들어서야 핀란드 산문 작품이 등장하기 시작했다. 최초의 핀란드 소설은 1870년에 등장했다(라이티넨Laitinen, 1981: 206).

핀란드어로 된 최초의 극 상연은 17세기에 발생했지만, 관객들은 거의 2백년을 기다려서야 원래 핀란드어로 쓰인 최초의 극이 무대에 올라가는 것을 볼 수 있었다. 그러나 1872년경, 핀란드 국립극단을 지지하는 사람들은 핀란드어 연극에 대한 요구를 정당화하기 위해 핀란드어로 쓰이거나 핀란드어로 번역된 88개의 작품을 인쇄물과 연극 대본의 형태로 제공할 수 있었다. 핀란드는 국립 극단을 가지게 되었고, 그 극단의 레퍼토리는 첫 해에는 홀베르크Holberg, 괴테Goethe, 그리고 핀스 키비Finns Kivi와 토펠리우스Topelius[핀란드 문학의 아버지라고 불리는 시인이자 소설가─역재 같은 고전을 포함하였다. 5년쯤 뒤에 몰리에르Molière, 보마셰르Beaumarchais[프랑스, <피가로의 결혼> 작가], 휴고Hugo, 셰리단Sheridan, 쉴러Schiller, 홀베르크, 욀렌슐레거Oehlenschläger[덴마크의 낭만파 시인 · 작가]의 작품들이 무대에 올려졌다. 핀란드 연극이 확립될 시기에, 네 개 중 하나만이 핀란드 원작이었다(튜사넨, 1970: 554).

19세기 후반부로 들어가면서 핀란드 연극을 지배했던 낭만주의는 셰익스피어 극의 최초의 '진정한 핀란드 번역인 『맥베스』를 제작하였는데, 이것은 1864년 4월 23일의 셰익스피어 탄생 300주년을 기념하기 위한 것이었다. 핀란드 문학 발전을 위해 설립된 협회는 셰익스피어 극의 최고 번역에 대한 상을 주기로 발표했고, 이 경연에서 칼로 슬뢰르-산탈라Kaarlo Slöör-Santala가 번역한 『맥베스』가 탄생하였다. 그 극은 핀란드 운문 문학에서 중요한 이정표로 찬사를 받았고 특히, '원본'을 운문으로 번역한 것으로 호평을 받았다(아스펠린-하프킬라Aspelin-Haapkylä, 1906: 31-32, 41).

슬뢰르-산탈라의 『맥베스』는 '원본'에 높은 존중respect을 보여주었고, 그 번역은 핀란드 토속어를 위한 하나의 시험으로 보였다. 이에 대한 비평들은 그 번역작품이 영국의 원천 텍스트를 주의 깊게 따랐으며 다른 번역의 중개 없이 직접 해냈다는 점을 중요시했다는 것을 보여준다. 무대와 지면 번역 간의 어떤 구별도 이 시기에는 두드러지지 않았고, 슬뢰르-산탈라는 국립 극단이 세워지리라는 기대를 가지고 자신의 번역을 완성했다. 그러나 극단이 건립되었을 때, 비극은 소화하기 어려운 극의 유형으로 여겨져서 관객들은 여전히 핀란드어로 된 이 최초의 비극을 보기 위해 기다려야만 했다.16) 슬뢰르-산탈라의 『맥베스』 중 단 몇 개의 단편만이, 특히, 맥베스 부인의 광기 장면만이 무대에 올려 졌는데, 이는 비극이 성숙함에 대한 시험으로 여겨졌다는 점을 증명해준다.

핀란드 국립극단의 첫 몇 년간 외국의 대가들이 쓴 작품들을 외국의 작품이 설정한 조건에 맞춰 새로운 극단의 레퍼토리로 통합하는 것이 중요하다고 여겨졌고, 연출가 자신이 직접 번역물의 정확성을 종종 점검했다(아스펠린-하프킬라, 1909: 15).17) 비슷한 경우를 다른 문화에서도 역

---

16) 핀란드어로 상연된 최초의 비극은 번역물인 1865년 T. 쾨르너T. Körner의 『속죄』*Die Sühne*이다(아스펠린-하프킬라, 1906: 18). 하지만 오직 1879년 뵈른스트예르네 뵈른손 Björnstjerne Björnson의 『스코틀랜드의 매리 스튜어트』*Maria Stuart in Scotland* 번역만이 셰익스피어풍의 희곡을 향한 하나의 진보로 간주되었다.

17) 이것은 문학과 연극체계 사이의 밀접한 관계에 의해 어느 정도 영향을 받았으나 또한 이것은 주류와 비주류 연극 사이의 차이점과 관계가 있다. 예를 들어, 국립 극단이

시 발견할 수 있다. 남아프리카공화국에서 아프리칸스[남아공의 공용어]로 번역된 최초의 완전한 셰익스피어 번역작품인『햄릿, 덴마크의 왕자』가 1945년에 출판되었는데, 그것은 전적으로 텍스트 중심적이었으며(외국 요소가 대부분 변하지 않은 채 유입), 그래도 자유롭게 그리고 그 나라 관용어를 살려서 번역하려는 몇몇 시도가 있긴 했다. 그 연극은 "아프리칸스 연극의 역사에서 큰 이정표"로 찬사를 받았고, 당시 비평가 중 한 사람 이상이 그 번역작품이 다듬어질 필요가 있다고 지적했지만, 만원의 관객들 앞에서 상연되었다(크루거Kruger, 1995: 6).

위의 예들은 에벤-조하르의 약한(이 경우엔 연극) 체계의 행위 모델을 뒷받침한다. 번역물들은 쇄신을 위한 수단으로 간주되며, 또한 문학체계에서 중심적인 위치를 차지한다. 두 사례 모두에서 원천 텍스트는 신흥 토착 문화보다 우수한 것으로 간주된 문화를 재현한 것이고, 그러므로 그것들은 특정한 외국의 것을 장려하기 위해 선택되었다. 그리고 두 사례 모두에서, 연극체계들은 아직 하위체계로 분화되지 못했다.

번역을 위한 언어 선택은 순수하지 않으며 경의의 양식 속에 어떤 언표수행적 요소를 도입할 것이다. 특정한 원천 텍스트를 자국의 관용표현으로 번역하려는 결정은 자국의 관용어의 정교화와 발전에 대한 일종의 발언으로 봉사할 수 있지만, 또한 위협으로 여겨지는 타자와 거리를 두려는 노력으로 보일 수도 있다. 모국어에 대한 추구는 달라야 한다는 필요와 연관될 것이다.

한 언어의 정체성 형성의 기능은 매우 중요할 수 있기에 브리세(1996: 60)가 보여주었듯이 드라마 쓰기의 주체 자체가 될 수도 있다. 장-

---

설립되기 전에 학생 연극은 핀란드를 배경으로 한 번역물로 홀베르크Holberg의『에라스무스 몬타누스』*Erasmus Montanus*를 상연했다(알토넨, 1996: 76).

클로드 제르맹Jean-Claude Germain의 『어느 캐나다 연극』Une Plaie Canadienne은 창의성과 번역을 섞어서 이를 통해 문제적인 타자와의 관계를 그려 보인다. 이와 비슷하게, 언어가 단순히 언어적 코드들과 양립할 수 있다는 가정의 오류는 아일랜드 희곡인 브라이언 프리엘Brian Friel의 『번역』의 주제이기도 한데, 그 작품은 잉글랜드와 아일랜드 간의 갈등과 제국주의의 영향 아래 쇠퇴해가는 아일랜드 언어를 다루고 있다. 그 극은 언어와 그것을 사용하는 공동체 사이의 친밀한 관계를 강조하며, 그럼으로써 전체 번역의 불가능성도 강조하고 있다.

번역을 위해 선택된 언어는 타자성에 대한 사회적, 문화적 담화와의 관계에서, 그리고 원천 텍스트와 그것의 번역물의 언어 쌍이라는 관계에서 도구적 기능을 가질 수 있다. 그 언어 쌍에서는 둘 다 혹은 한쪽만 이러한 기능을 완수할 것이다. 예를 들어, 정체성 형성의 기능과 자기 정당화의 기능은 번역물에서가 아니라 원천 텍스트 담화에서 중요할 것이다. 존 밀링턴 싱John Millington Synge의 아일랜드 영어로 된 『서쪽 세계에서 온 한량』의 번역에 1948년과 1969년, 1983년에 표준 핀란드어가 사용되었다는 사실은 무대에서 핀란드어를 사용하자는 진의가 아니었다면, 그 한 100년 전쯤에 슬뢰르-산탈라의 『맥베스』에서는 중요한 요소가 되었었다. 그러나 싱이 원천 텍스트에서 아일랜드 영어를 선택한 것은 문학과 연극의 목적의 적합성에 대해 발언하려는 의식적인 노력의 일환이었다. 아일랜드의 문예 부흥과 그것의 대표자로서 싱은 아일랜드 민족의 언어인 켈트식 영어를 그 매개로 사용하는 것을 목표로 삼았고(타드Todd, 1989: 70-71), 그렇게 해서 그것으로 자신의 것에 대해 발언하려 했다.

정체성 형성의 기능은 원천 텍스트의 언어에서는 중요하지 않을지 몰라도 번역에서는 그 역할을 획득할 것이다. 이에 대한 한 가지 예는 레이디 그레고리가 몰리에르의 극들을 자신의 킬타탄 방언으로 번역한 것이다. 아일랜드 문예극장이 19세기 말 즈음에 설립되었을 때, 비록 그 극장의 관객이 주로 영국인이었고 연극도 거의 전적으로 잉글랜드의 것이긴 했지만 아일랜드에 연극이 존재한 지는 거의 300년 다 되었었다. 레이디 그레고리는 문예 부흥의 가장 저명한 인물들 중의 한 사람으로 몰리에르의 『마지못해 의사가 되어』*Le Médecin malgré lui*를 번역했고 1906년 애비 극장에서 초연된 그 연극은 대중적 인기와 비평적 성공을 맛보았다. 그녀는 이어 『스카팽의 간계』*Les Fourberies de Scapin*를 번역하여 1908년 『스카뱅의 간계』*The Rogueries of Scabin*로 처음 무대에 올렸으며, 『수전노』의 번역물은 1909년에 초연되었다. 레이디 그레고리가 번역한 마지막 몰리에르 연극은 『평민 귀족』*Le Bourgeois Gentilhomme*이었는데 『자칭 신사』*The Would-Be Gentleman*라는 제목으로 1926년 애비에서 초연되었다. 그러한 번역 작업은 아일랜드인의 정체성뿐만 아니라 세계적 고전들의 적절한 수단으로서 아일랜드 언어의 시적 가능성을 부각시켜 주었기에 문화적 자긍심의 행위였다(크로닌, 1996: 139-140).

도구적인, 정체성을 형성하는 기능은 원천 텍스트와 그 번역작품 모두를 지배할 수 있다. 이러한 한 사례는 퀘벡인 미셸 트랑블레의 극을 빌 핀들레이와 마틴 보우먼이 스코틀랜드어로 번역한 것이다. 1960년대 퀘벡에서 일어난 정치적 민족주의 운동의 문화적 무장 – '조용한 혁명' – 은 영국과 본국 프랑스의 특권적 지위에 도전하는 것과 다수의 언어를 쓸 것을 주장함으로써 퀘벡의 '탈식민화'를 추구했다. 1968년, 트랑블레는 『의자매』*Les Belles-Sœurs*를 몬트리올 동부의 노동자 계층의 말인 몽트레알레 *montréalais* 또는 주알*joual*로 썼고 이후 그는 20여개의 극을 그 언어로 썼다. 1989년, 빌 핀들레이와 마틴 보우먼은 미셸 트랑블레의 『의자매』*Les*

*Belles-Sœurs*를 *The Guid Sisters*[18]로 번역했다. 그때까지, 스코틀랜드어로 번역된 외국의 희곡은 얼마 없었고 주로 역사적 레퍼토리에서 가져온 것이었고 동시대의 외국 희곡을 스코틀랜드어로 번역한 것은 전혀 없었다(델리슬Delisle & 우즈워스Woodsworth, 1995: 85). 1989년 이래로, 미셸 트랑블레의 작품에 대한 여섯 개의 번역작품들인 『의자매』*The Guid Sister*(1989), 『누가 진짜야?』*The Real World?*(1991), 『호산나』(1991), 『매달린 집』*The House Among the Stars*(1992), 『영원한 당신의 친구, 마리-루』*Forever Yours, Marie-Lou* (1994), 『다섯 시기의 알버틴』*Albertine in Five Times*(1998)이 나왔다. 1980-1995년 기간 동안, 스코틀랜드 연극 역사상 어느 기간보다도 더 많은 스코틀랜드어 번역작품들이 생산되었다(핀들레이, 1996: 191).

퀘벡어와 본국어인 '표준' 프랑스어 사이의 관계는 현대 스코틀랜드어와 영어 사이의 관계와 닮아있다. 스코틀랜드어와 퀘벡어 모두 각자의 문화 내에서 그 자체에 사회적 오명이 따라 붙는다. 트랑블레는 퀘벡 독립을 위한 투쟁에서 주알을 정치적, 문화적 무기로 사용했으며, 스코틀랜드어의 사용은 그 정도로 스코틀랜드에서 정치적 영향력을 발휘하지는 못했지만 트랑블레 번역물의 성공은 1970년대 정치적인 민족주의 부활의 맥락에서 바라볼 수 있다. 그것은 1980년대에 스코틀랜드 역사와 문화에 대한 관심을 증가시켰고 스코틀랜드어로 된 작품들의 점점 커지는 호소력을 보여주었다(델리슬 & 우즈워스, 1995: 86, 88). 스코틀랜드어로 하는 번역은 스코틀랜드의 문학 전통의 지속시키는 데 공헌하는 방법으로 간주되어 왔다. 또한 스코틀랜드어가 효과적인 번역 매개임을 증명하는 것도 중요한 일이었다(핀들레이, 1994: 66).

번역은 자국의 글쓰기와 더 많은 번역을 양산해낼 수 있다. 퀘벡의

---

18) 'guid'는 'good'에 해당하는 스코틀랜드어. — 역자

사례에서처럼, 민족적 부흥기에 번역과 자생적 글쓰기가 동시에 시작되고 번성할 것이다. 1968년 미셸 트랑블레의『의자매』와 버나드 쇼의『피그말리온』*Pygmalion*을 엘로이 드 그랑드몽Elois de Grandmont이 퀘벡어로 번역한 것이 모두 성공을 맛보았다. 또한 스코틀랜드에서 일어난 일처럼 어느 특정한 번역물은 다른 번역 작업에 영감을 불어넣을 수 있다. 그때 스코틀랜드어를 사용하여 미셸 트랑블레의 극을 번역한 것은 다른 많은 번역물들이 두드러진 스코틀랜드 말을 끌어 쓰는 현상을 불러왔다. 번역은 또한 토착 작가들이 낯선 연극의 미학을 실험해볼 수 있도록 혁신과 영감의 원천으로도 작용할 수 있다. 새로운 외국의 요소인 운율과 드라마 구조가 번역에서 부각될 때, 그 요소들은 국내 작가들이 자기들의 글을 그것들을 본떠서 쓰도록 영감을 불어넣는 것 같다. 이것은 수많은 세계 고전들뿐만 아니라 새로운 스타일의 표현을 나타내는 동시대 희곡의 중요한 기능이 되어왔다. 이처럼 경의는 더 많은 텍스트 생성에서 하나의 중요한 요소이다.

에벤-조하르의 모델에서 약한 체계를 대표하는 핀란드 연극은 번역물들이 어떻게 그 나라의 전 역사과정에서 자국의 작가들에게 영감을 주는 중요한 원천으로서의 역할을 하는지를 잘 보여주는 좋은 사례로도 기여한다. 예를 들어, 표현주의는 1920년대에 새로운 독일 드라마 형식으로 핀란드에 들어왔는데, 핀란드 극작가와 연극 종사자들은 여기서 영감을 받아 그 새로운 스타일을 실험하게 되었다. 1921년부터 1927년까지 6년간, 핀란드 연극 관객들은 에른스트 톨러Ernst Toller의『기계파괴자』*Die Machinenstürmer*와『힝케만』*Hinkemann*, 게오르그 카이저Georg Kaiser의『가스 1부』*Gas I*과『가스 2부』*Gas II*의 번역물을 보았고, 그것들은 핀란드 극작가인 할라Haarla와 올슨Olsson의 개인적 시학의 발전에서 중요하게 작용했다는 것이 입증되었다(오르스마Orsmaa, 1988: 24, 27). 이와 유사하게 브레히트의 극이 1967년과 1968년 그 인기가 정점에 달했을 때, 핀란드 극작가들은 새로운 스타일을 실험하고 그들의 드라마에 에피소드 구조를 사용했다. 미국 드라마는 60년대 초 만연했던 핀란드 국내 드라마와 드라마 및 공연 관습에 영향을 끼쳤다. 그 영향은 무엇보다 먼저 드라마 형식에서 비롯되었는데, 그것이 연극의 사건에 대해 알려주기 위해 더 자유롭게 연대기를 사용하고 드라마의 인물들을 사용하도록 허용했기 때문이다. 이러한 점은 특히 월렌틴 코렐Walentin Chorell의 『풀』Ruoho(1995)에서 잘 볼 수 있으며, 여기서는 쏜톤 와일더Thornton Wilder와 맥스웰 앤더슨Maxwell Anderson의 예를 따라, 연극의 틀이 가시화되었다. 아더 밀러Arthur Miller의 『세일즈맨의 죽음』Death of a Salesman은 1957년 탐페레극장에서 상연되었는데, 이 극은 로리 코코넨Lauri Kokkonen에게 영감을 주어 죽음의 순간에 자신의 일생을 플래시백으로 되돌아보는 주인공을 그린 자신의 극, 『마지막 유혹』Viimeiset kiusaukset을 쓰게 되었다. 미국의 영향은 '흥청망청 극'boozing plays에서도 매우 두드러진다. 그 연극은 핀란드 관객들에게 중산층의 삶의 현실과 그들의 인간관계에 대해 일깨우는 통찰력을 제공하였고 노골적인 언어로 기존의 관습을 깼다. 그것의 영감은 에드워드 올비Edward Albee의 『누가 버지니아 울프를 두려워하랴?』Who's Afraid of Virginia Woolf?에서 나왔으며, 그 작품은 60년대 가장 영향력 있는 연극 중 하나가 되었다. 그것은 핀란드 극작가인 에바-리사 만네르Eeva-Liisa Manner에게 영감을 주어, 가령 주제적으로, 파티가 끝나고 부르조아지의 외관 이면의 실의와 삶의 낭비가 드러나면서 가면을 벗는 데서 최고조에 이르는 극들을 썼다(파볼라이넨, 1992: 109, 113, 120). 핀란드 연극은 그 존속 기간 내내 자국의 저작을 위한 새로운 아이디어를 찾고 있었다. 독일이나 영미 세계에서 온 외국의 것은 항상 존경받았고 경의를 가진 채 환영 받았으며, 자생적 글쓰기뿐만 아니라 국내의 레퍼토리 역시 상당히 그것에 의지했다.

어떤 문화 변용과 자연화는 모든 연극번역에서 불가피하게 생겨날 것이다. 언어의 선택은 불가피하게 새로운 읽기를 외국의 텍스트에 도입한다. 즉, "모든 언어 사용은 . . . 권력 관계가 맺어지는 장소이다. 왜냐하면 하나의 언어란 어떤 역사적 순간에 하나의 다수적 형태가 소수적 변이들을 장악하는 하나의 특수한 국면이기 때문이다"(베누티, 1998: 10). 무대배경은 항상 원천 텍스트에서와는 다른 어떤 것이 되는 또 다른 구조적 요소이다. 1940년대와 1980년대 사이에 핀란드어로 번역된 20세기 아일랜드 사실주의 희곡에 대한 내 연구에서(알토넨, 1996) 나는 최소한 원천 텍스트의 부분적 문화변용과 자연화가 항상 발생했다는 사실을 발견했다. 장소와 사람들의 이름, 정치적, 종교적 상징의 명칭, 고급 및 대중 문화 모두의 개념이 경우에 따라 핀란드화되었거나, 일반화되었다. 하지만 전반적인 배경은 아일랜드로 남아있었다. 비슷한 경우로, 번역자인 빌 핀들레이는 자신과 마틴 보우먼은 미셸 트랑블레의 『의자매』에서 본질적인 퀘벡의 요소를 바꾸지 않았다고 주장했다. 그러나 "그렇게 하지 않으면 스코틀랜드어에서 삐걱거리는 효과를 낼 수 있을 것"(핀들레이, 1994: 72)으로 보일 때 세부사항을 수정하여 상황에 맞게 텍스트를 조정했다는 점을 인정하였다. 때때로 그들은 한두 구절을 추가함으로써 설명하는 방식을 사용했다고 말한다. 대부분의 경우에 그들은 추가설명 없이 퀘벡인들의 삶에 대한 특정한 지시어들을 그대로 유지했지만, 스코틀랜드에서 찾아볼 수 없는 퀘벡의 삶의 측면을 언급하는 사항들에 대해서는 스코틀랜드어로 번역하였다. 예를 들어, *The Guid Sisters*에서 처음엔 *juice*가 *coke* 대신 사용되었지만, 나중에는 원래대로 바뀌었다. 작은 변화의 예들로는 baloney(*sandwichs au béloné*)→Luncheon meat와, two quarts of milk(*deux pintes de lait*) → two bottles of milk, 그리고 English films가 잘못된 효과를 낼 수 있기 때문에 바뀐, 영국영화English films(*vues anglaises*) → American wans와 같은 단어들이 있다(핀들레이, 1994: 72-74). 그리고 이름들과 구절들이 바뀌거나 수정되지 않았을지라도, 그것들은 우선적으로 어떤 특정한 언어적, 문화적 공동체가 공유하는, 그리고 아마도 그 공동체의 일부를 구성하는 동일화 전략의 측면에서 '담화의 세계'19)와 동일화됨으로써 그 공동체의 구성원들만을 위해서 명명되었던 것일 터이다(매킨타이어MacIntyre, 1991: 389).

연극번역에서 원천 텍스트와 원천문화에 경의를 가지도록 장려하는 주요한 계기는 오늘날의 저작권법이 제공하고 있다. 저작권법은 저자나 번역자에게 그들의 텍스트에 대한 '도덕적 권리'와 작품의 완결성intergrity이 확실하게 보존되어야 한다는 권리를 부여한다(다음 장을 보라). 그러나 어떤 작품의 완결성이란 모호한 개념이며, 연극에서는 그것이 새로운 독해를 이루어내는 듯 보인다. 텍스트에 대한 변화가 여러 가지 이유로 행해질 수 있으며, 여기서 번역 양식으로서 존경은 무시되고 반역이 시작된다.

번역은 항상 원천 텍스트를 다시 쓰는 것이며, 결코 원본에 대한 정확한 복제가 될 수 없다. 연극번역에서 이 점은 중요한 사안인데, 연극 자체의 성격상 그것은 문자 텍스트를 상연의 다양한 조건들에 맞출 필요가 있기 때문이다. 번역과 그것의 원천 텍스트 간의 관계에 대한 일반적인 담론에서는 상당한 차이점까지 무시되고 두 텍스트가 동일한 것으로 간주되곤 한다. 그러한 비일관성에 대한 한 가지 설명은 외국의 원천 텍

---

19) '담화의 세계'라는 개념은 르페브르에 의해 정의된 것으로, 특정한 사회의 지시대상, 개념, 관습으로 이루어진다.

스트의 모든 특징들이 번역에서 똑같이 중요하게 간주되는 것은 아니라는 점, 그리고 그렇게 간주되는 것들은 외국극의 본질을 형성하는 것으로 생각된다는 점일 것이다. 이 점에서 번역전략은 재현실화와 병합되기 시작하고, 번역 방식에서의 전복적인 요소는 더 강해지고 더 가시적이게 된다. 예를 들어, 자국의 관용표현에 대한 섬세함을 증명하려고 하면 한 외국극의 시학은 유지하되 극적 구조는 유지하지 않는 것이 중요할 것이다. 그 적절한 예가 유럽에서의 초기 셰익스피어 번역물들로, 여기서는 셰익스피어 극들의 운문 형식, 즉 무운시를 유지하는 것이 중요했다. 그 시학은 슬뢰르-산탈라의 『맥베스』에서 중요한 특징이었고, 유사하게 요제프 틸Josef Tyl[체코의 극작가이자 배우 - 역재]이 1835년 보헤미아에서 한 『리어왕』 번역은 그가 그 극의 길이를 원본의 반으로 줄였을지라도 무운시를 사용했기 때문에 주요한 '순수' 셰익스피어 번역으로 간주되었다(슐츠, 1993: 2). 덴마크에서도 유사하게, 페테르 포에르솜Peter Foersom가 덴마크어로 번역한 수많은 셰익스피어 비극과 역사극이 덴마크 문화에서 중요한 이정표로 고려되는 것은 포에르솜이 그 작품을 단순화시키기 위해 조정하기 했지만 무운시를 사용했기 때문이다.[20] 경의는 그래서 원천 텍스트에서 필수적이라고 느껴지는 것을 목표 텍스트로 도입하는 것을 강조함으로써 각색을 통해서도 표출될 수 있을 것이다.

외국의 것이 경의와 함께 우러러 보아질 때, 외국의 원천 텍스트나 그 속의 몇몇 요소들은 바람직한 문화 상품으로 존중받고 번역 대상으로 선택된다. 원천문화와 도착문화는 도착문화 쪽에서 볼 때 서로 동등하지

---

20) 스미트Smidt는 포에르솜이 각색을 위해 현재의 유행에 영합하지 않았다고 지적한다. 하지만 그는 "셰익스피어의 정중하지 못한 표현 일부를 삭제하였고", 형용사와 이미지를 강화하였으며, 햄릿의 의식(儀式)적인 결말을 부각시켰다(스미트, 1993: 96).

않은 관계에 있으며 원천문화가 도착문화보다 더 우월하다고 여겨진다. 원천 텍스트가 지닌 외국의 기원은 중요한 것으로 간주되고, 원천문화는 문화적 위계에서 권위 있는 지위를 누린다고 간주된다. 이러한 것은 자국 무대의 세련됨을 시험하기 위해 외국의 고전을 자신들의 레퍼토리로 통합하는, 새로이 확립되는 연극체계에 가장 흔하게 적용된다.

전복: 반역과 무시

앞 절의 몇 가지 예들, 특히 번역을 위해 선택된 언어가 텍스트에 도착사회의 사회적 담화에 부응하는 새로운 읽기를 제공하는 사례뿐만 아니라 시학처럼 외국 텍스트의 어떤 측면만 강조하는 사례에서, 번역의 담화에 대해 결정을 내릴 때 도착 연극체계 및 사회가 어떤 지점에서 더욱 두드러지고 가시적인 역할을 하기 시작하는지를 보여주었다. 여전히 외국에 기원을 둔 원천 텍스트가 번역에 중요성을 부여하고 있었다. 그러나 도착체계가 문화적 자본을 증가시키기 위해 더 이상 외국의 것이 필요하지 않을 때 이것은 전복되어 원천 텍스트의 제약을 능가하는 수용자들의 기대를 충족시키도록 바뀔 수 있다. 외국 작품의 도입은 번역 동기로서의 중요성을 잃어버리고, 외국의 텍스트는 완성된 작품으로보다는 더 자국의 무대를 위한 가공되지 않은 자료로 여겨지게 된다. 자국 문화는 열등한 것으로 인지되지도 않거니와 외국의 것은, 위계상 아마 자기 자신의 문화보다 결코 더 높았던 적이 없었던 것이 되거나, 이전의 우월성이 의문시 되거나 중요하지 않은 것으로 일축된다.

번역 양식은 원천 텍스트에 대하여, 혹은 권위를 가진 우월한 문화와 그것이 나타내는 고정된 위계질서에 대하여 반역을 표현할 수 있거나, 아니면 타자성에 대한 무시를 내보일 수 있다. 외국 텍스트는 공간적 또는 시간적으로 재현실화될 수도 있고, 혹은 해체되어 새로운 드라마가 그것에 대한 모방작이나 패러디로 쓰일 수도 있다. 번역의 전복적 양식에서 외국의 것은 자기의 것이 그것으로부터 완전히 탈피하지는 못하면서 여전히 자기의 것이 반(反)하여 정의되는 참조점으로 유지하면서 자기의 것에 봉사하도록 다시 쓰인다(브리세, 1996: 107). 타자성은 전유되고 그것의 중요성은 부인된다. 원천 텍스트는 외래문화를 자신의 목적에 맞게 바꾸는 지배적인 도착문화의 관점에 따라 축소된다(파비스, 1996: 11).

앞 절에서 지적했듯이 번역을 위한 텍스트의 선택은 이미 타자성에 관한 사회의 담화와 관련된다. 텍스트가 문화 자본의 귀중한 원천으로서 간주되는 문화에서 선택될 때, 그 선택은 이런 문화에 대한 경의의 표시로 읽혀질 수 있다. 그러나 그 선택이 직접적으로든 간접적으로든 위협으로서 간주되는 문화로 향하게 될 때, 그것은 반역으로 읽혀질 수 있다.

핀란드 연극에서, 텍스트의 선택은 1960년대 정치 분위기에서 반기성적 불만에 목소리를 부여했다. 그 십년간은 부분적으로 대통령으로 대표되는 후원자들이 어떤 특정한 담화, 예를 들어, 사회주의 국가에 대한 담화를 받아들인 연극에 지원을 했다는 사실로 특징 지워진다. 그래서 반기성 연극은 그런 종류의 드라마를, 외관상으로 특정 사회주의 국가들의 정치적 발전에 대해 설명하고 있는 것처럼 보여도 또한 어느 정도 비판의 옹호를 허용하는 사회주의 국가로부터 가지고 왔다. 이러한 경향은 그러한 극들을 핀란드 연극체계로 통합시키는 데 도움이 되었지만, 그 극들의 반사회적, 반소련적 틀은 또한 그것들을 70년대 후반 레퍼토리로부터 배제시켰는데, 그런 연극들에서 응답을 보았던 상황들이 변했기 때문이었다. 이러한 흐름을 보여주는 가장 두드러진 극은 폴란드 극작가 슬라보미르 므로체크Slawomir Mrozeck의 『탱고』와 헝가리인 이쉬트반 외르

키니Istvàn Örkény의 『토트씨네』*Tòtin perbe*이다(알토넨, 1996: 85; 파볼라이넨, 1992: 122, 125).

　유사하게, 아니 브리세(1996: 18, 47-49)는 퀘벡에서 번역을 위한 외국 드라마의 선택이 어떻게 1968년에서 1988년까지의 퀘벡에서 퀘벡인들의 정체성을 확립하고 외국의 것으로 간주되고 위협을 드러내는 듯 보이는 것으로부터 거리를 두려는 노력의 일환이었던 타자성에 대한 사회적 담화의 일부가 되었는지를 보여주었다. 출판업뿐 아니라 저명한 주류 극단의 레퍼토리가 이러한 담화에 기여했다. 연극 종사자들 사이에서 영국계 - 캐나다 극에 대한 흥미가 거의 완전히 결여되어 있었고 그것들이 퀘벡 사회에서 지배적인 어떤 담화 코드와 공명을 일으킨다고 여겨질 때만 퀘벡 상연을 위해 받아들여졌다. 프랑스 드라마와도 거리를 유지했는데, 그 관계가 예전의 식민주의자-식민화된 자의 이분법을 반영하는 것으로 보였기 때문이다. 프랑스 드라마는 오직 그들의 오락적 가치에 근거해서만 레퍼토리로 인정받았다. 수많은 프랑스 극작가들이 이에 해당되었지만, 단지 몇 개의 극을 비롯하여 고전 비극은 더 이상 레퍼토리에서 두각을 나타내지 못했는데, 그 이유는 이러한 유형의 프랑스 연극은 국가 정체성에 도움이 되는 능력이 없는 것으로 인지되었기 때문이다. 모든 것이 국가 정체성을 만드는 쪽으로 향하여만 했던 사회 문화적 맥락에서, 프랑스 드라마는 그 자체를 재현실화에 내어주고 그럼으로써 퀘벡의 연극과 동일한 거울 기능을 완수할 수 있으리라고 판단될 때만 인정받았다. 미국의 현대 비극은 좀 더 우호적으로 보았으며, 수입된 연극에는 유진 오닐Eugene O'Neill, 테네시 윌리엄스Tennessee Williams, 아더 밀러의 작품이 포함되었다. 그것들에 대한 인정은 주제 내용의 선택에 자극받은 것이었다. 가족, 지배적 사회 세력, 계급 갈등, 뿌리 찾기, 다양한 사회적,

심리적 발언에서의 소외 등의 문제는 퀘벡 사회의 주요 선입견에 대하여 적절한 주제적 기반을 제공했다. 일반적으로, 외국 연극은 정전의 위상을 가지고 있거나 일종의 희극이거나, 가능하다면 둘 다 모두일 때 번역으로 받아들여질 수 있는 더 나은 기회에 노출되었다.

이처럼 텍스트의 선택은 도착문화가 다른 문화와 관련해서 스스로를 바라보는 방식의 중요한 지표이다. 텍스트가 도착사회의 담화와 양립하기 위해 번역에서 다시 쓰이는 방식은 이 논의에 또 다른 국면을 덧붙인다. 하나의 연극 공연은 그것을 둘러싸고 있는 여러 맥락의 틀 속에서 상연되는 것으로 간주되고, 그것의 원래 대중은 그 공연이 전제하는 맥락을 알고 있는 것으로 가정된다. 예를 들어, 문학적 맥락(드라마가 쓰인 나라의 연극 전통 전체), 사회적 맥락, 도덕적 맥락, 가장 넓은 의미에서의 문화적 맥락, 지리적인 맥락이 그것이다. 한 문명 전체의 맥락은 텍스트의 각 지점에서 제시된다(무냉Mounin, 1976: 161-164). 그 결과 다른 틀의 맥락에서 나와 들여온 외국의 연극 텍스트는 새로운 환경에 반응하고 도착사회의 담화에 참여할 수 있도록 조정될 필요가 있다. 이러한 조정은 각색이 연극에서의 두드러진 번역전략이 되게 만든다.

무대 상연용 번역은 아마도 출판 문학보다 각색을 더 빈번하게 사용할 것이며, 이 방식은 때때로 연극번역에서 사용되거나 문학체계에서 받아들여질 수 없는 텍스트에 사용될 수 있다. 연극 작품들의 담화에서, 또한 그에 따라 연극번역에서, 연극의 화용론이 원천 텍스트 제약을 능가해야 한다는 점은 보통 당연하게 여겨진다. 체제가 잘 잡혀있고 완전히 발전된 연극체계에서(특히 그것들의 주류 무대에서) 외국의 것에 대한 관심은 연극 제작을 위한 외국 텍스트 채택에서 설사 약간은 그렇다 해도 거의 결정적이지 않다. 텍스트의 선택이 다른 문화로 향하게 하는 것은 자기 자신의 문화, 사회, 연극 내의 상황일 가능성이 더 높다. 외국의 것이 그 선택에서 일차적 관심사가 되지 못할 때, 원천 텍스트에 대한 '충실성'과 번역자의 비가시성에 관한 제약들도 번역에서 가장 중요한 척도가 아니다. 도착체계의 필요성에 대한 이와 유사한 강조는 강한 연극체계의 어떤 하위 그룹들이 외국의 연극 텍스트를 사용하는 방식에서도 두드러진다. 거기서 연극 텍스트의 선택과 각색에 대한 주된 동기는 그 텍스트의 외국 원본이 아니라 어떻게 그것이 자기 극단의 목적에 기여할 수 있는가이다. 연극 텍스트는 출판된 연극 텍스트보다 더 쉽게 형태를 부풀리고 축소하고 바꿀 수 있다는 점에서 이러한 사용에 이상적이다.

체계들은 상호 의존적이며 문학체계와 연극체계가 텍스트 사용에서 부분적으로 겹칠 수 있기 때문에, 연극번역의 담화는 번역전략과 그것의 연극에서의 수용가능성에 대해 상충하는 견해를 보여줄 수 있다. 번역에 대한 현대 서양의 문학 담론이 원천 텍스트에 대한 '충실성'과 번역자의 비가시성을 강조하긴 하지만, 일반적으로 유연성과 풍부함이 연극 텍스트의 바람직한 특성으로 평가된다. 텍스트들은 각각의 상연과 각각의 관객을 위해 다시 쓰이고, 그렇게 함으로써 텍스트들이 새로운 목적을 위해 사용되고, 또 역사적, 문화적으로 멀리 떨어져 있는 대가들에게 봉사하는 방식으로 사용된다면, 다시쓰기는 매력이 한층 더해질 것이다. 두 가지 기준인 충실성과 유연성 사이에서 하나의 타협점으로서 두 텍스트의 사이의 어떤 층위에서 '동일함'이 발견되길 기대하기도 한다.

이와 같은 한 번역의 수용가능성은 텍스트가 도착사회의 화용론에 맞춰 조정되었을 때조차도 두 텍스트 사이에서 획득하는 것으로 보이는 동일함의 정도에 의해 평가되며, 이러한 동일함을 보호하기 위해 고안된 현대 저작권법은 동일함과 차이 사이에 선을 그을 수 있다는 가정에 근거하고 있다. 그 선을 침범하는 것으로는 왜곡, 절단, 변용, 혹은 작품의 질을 저하시키는 행위가 있는데, 이러한 것들은 작품을 훼손시키거나 저자나 소유자의 권리를 침해할 수 있다(다음 장을 보라).

연극번역이 저작권의 요구조건에 부합해야만 하기 때문에, 그것은 텍스트가 동시대의 요구에 따라 조정되어온 경우조차도 여전히 동일함의 기준을 충족시킨다는 사실을 증명해 보일 수 있어야 한다. 그 결과, 원천 텍스트와 그것의 번역물 간의 동일함을 정의 내리려는 시도는 그것이 발견될 수 있는 여러 다른 층위에 대해 기술하는 결과를 낳았고, 그 분석에 '문자'나 '정신' 같은 개념들이 도입되어 왔다.

동일함이 '문자'의 층위에서 발견된다고 간주될 때, 그 초점은 세부적 줄거리와 구성, 등장인물, 그들의 상호작용, 허구적 맥락을 제공하는 지리적, 사회학적, 문화적 정보, 화자의 관점을 결정짓는 기본적인 서사 양상(시제, 이야기 화자의 관여와 지식의 정도 등)과 같은 측면들에 놓인다(앤드류, 1984: 100). 그래서 '문자의 충실성'은 어떤 이유에서든 외국 텍스트의 극적 담화나 구조적 담화를 도착체계에 맞춰 조정할 필요가 없거나 바라지 않는 번역의 특징이다. 그러므로 그것은 자신들의 텍스트생산을 보충하기 위한 문화 자본을 찾는 신흥체계에서 가장 두드러지는 것으로 추정할 수 있다. 잘 확립된 극단들과 강력한 주류 연극체계에서는 보통 어떤 다른 층위의 동일함에 의지하여 저작권법의 요구 조건을 만족시키거나 그 번역물이 의지하길 원하는 간텍스트성을 확립할 것이다.

동일함이 전반적인 '문자'의 층위로 확대되지 않을 때, 외국 연극 텍스트의 몇몇 구조적 요소들이 자국의 연극 미학이나 사회적 상황에 맞춰 각색(또는 재현실화)될 수 있고 다른 것들은 고스란히 남는다. 동일함은 가령, 해당 작품과 그것의 내용, 대화 시퀀스의 전반적인 구조의 층위에서 확립될 수 있는 반면에 그 배경은 재현실화된다. 적절한 예가 로버트 라론드Robert Lalonde가 퀘벡어로 번역한 체홉Chekhov의 『세 자매』로, 그 작품은 원작 희곡의 구조를 유지했지만 배경은 퀘벡으로 재설정했다. 그것은 1950년대 아비티비에 살고 있는 코테Côté 네 세 자매를 보여주었다. 그들은 지루함에 절어 있었으며 오로지 몬트리올로 이사 가는 꿈만 꾸고 있었다(브리세, 1996: 12).

각색은 『올메다에서 온 신사』The Gentleman from Olmeda의 경우에서처럼 전체 장면을 삭제할 수 있다. 존스턴은 다음과 같이 설명하고 있다.

> 나의 『올메다에서 온 신사』에서 나는 알론소의 여는 말opening speech을 서른 줄에서 열다섯 줄로 자르기를 결정했다. 내가 그것들을 번역하는 방법을 몰라서거나 아니면 지적인 나태함이나 비정직성 때문이 아니라, 젊은 멋쟁이 역을 전문으로 하는 모든 배우들을 관객들이 잘 알고 있는 로페의 마드리드극장처럼 열기 가득한 극장에서 이러한 유형의 여는 말은 원래, 재즈 콘서트에 나온 색소폰 독주자처럼 관람객을 위한 일종의 특별 출연으로 의도된 것이었기 때문이었다. 영국 무대에서 로페는 여전히 입지가 약한 새로운 인물이었기에 번역자인 나와 연출가인 로렌스 보스웰에게는 지금 이 시간, 이 장소에서는 신-플라토닉한 서신왕래에 대한 긴 대사는 사실상 로페가 그토록 정교하게 만든 복잡성을 깨뜨리는 데 기여할 것이며 우리는 그 신비로운 노래의 울림을 따라가기 위해 무진 애를 써야 될 것처럼 보였다. (존스턴, 1996b: 64)

생략, 첨가, 다른 수정에도 불구하고, 이러한 각색 작품에서의 번역물들은 여전히 원천 텍스트에서 독특하고 그것을 다른 모든 텍스트와 구별짓는 것으로 보이는 점을 유지시켰다고 주장한다. 그러므로 그것들은 그 번역물들은 원천 텍스트를 재현하는 것으로 보이지 새로운 희곡 구성으로 보이지 않는다.

'문자'의 요소들은 극의 일반적인 드라마 구조나 시학을 구성하며, 보통 동일한 연극 전통 내에서 복잡하지 않은 방식으로 정의내릴 수 있는 반면, 어떤 극의 '정신'이나 '주제'의 읽기들에서 차이는 광범위하게 다른 원천 텍스트 버전들을 발생시킬 수 있다. 연극 텍스트는 어떤 주어진 순간에 서로 다른 개인에게 다른 것을 의미함으로써 공시적으로, 그리고 시간의 각 과정에서 통시적으로 다의적이기 때문에 다양한 읽기들을 생성시킬 수 있다. 하나의 동일한 주제가 모든 관람자들에게 명백하지 않을 수 있고 어떤 이에게는 명백한 주제가 아무 것도 없을 수 있다.

혹자가 어떤 연극의 주제나 의미를 어디서 찾느냐에 따라, 어떤 층위에서 그것에 대한 의견일치를 찾는 것이 가능할 수 있다. 예를 들어, 에슬린(1994: 163-168)은 의미들의 위계를 구분한다. 이 위계에서 가장 낮고 가장 구체적인 층위에 동의하기가 쉽지만, 가장 높고 가장 추상적인 층위는 관객 개개인의 읽기에서 상당한 다양성을 보여줄 가능성이 크다. 첫 번째 층위에서, 은유적이거나 상징적 의미는 개별적 사실을 세상이나 삶의 본질, 혹은 인간 조건에 대한 일반적이고 일반화될 수 있는 지각들로 승화시킨다. 체홉의 『바냐 아저씨』에서 바냐의 서재 벽에는 아프리카 지도가 있고, 그 방에서 그는 부동산을 관리한다. 은유의 층위에서 그 지도는 반야의 실존의 부조리성, 삶 자체의 부조화를 보여주는 강력한 기호이다. 또 다른 층위에서, 정치적, 이데올로기적, 사회적 의미는 드라마 텍스트의 발산물과 관객들이 그들 자신의 개인적인 상황과 그들이 위치하는 사회, 역사적 환경의 맥락에서 그것들을 해독하는 능력 간의 상호작용의 산물이다. 『고도를 기다리며』와 같은 연극은 한때 프랑스에서 비정치적이라는 이유로 공격 받았지만 알제리에서는 소작농들을 대상으로 공연되었을 때 혁명적인 암시를 주는 것으로 생각되었다. 폴란드에서는 열렬한 기대를 받았지만 결코 물질성을 획득하지 못한 그 사건은 러시아로부터의 해방으로 간주되었다. 하이파 시립극장[이스라엘 극장 - 역재]에서 『고도를 기다리며』 공연 뒤에 유대교 이스라엘인, 이스라엘계 아랍인, 팔레스타인계 아랍인들과 한 인터뷰에서(바이츠Weitz, 1989: 195)는 아랍계 관객들은 자신을 약자와 동일시하는 반면에 유대인 공동체에 살고 있는 사람들은 그 등장인물 어느 누구와도 동일시하지 않았다는 점을 발견했다. 그들은 극 중 사건들을 추상적이고 일반적이며 어느 쪽도 지지하지 않는 해석 내에 위치 지우려 했다. 세 번째이자 가장 높은 층위의 의미는 드라마 사건의 관객이 경험할 수 있는 정신적 또는 지적인 통찰력이다. 이런 차원에서, 드라마 공연은 더 이상 정의내릴 수 있고 일반적으로 타당한 단일한 의미로 환원될 수 없다.

　　연극 텍스트의 유연성과 풍부함은 첫 두 층위에서 도출되는 주제들에 의해 측정될 수 있을 것이다. 또한 저자가 의도한 연극의 의미나 '정신'의 한 특정한 읽기를 선택한 데 대해 이를 정당화하기 위한 노력이 시도될 수 있으며, 그런 뒤에 이것은 아마 번역까지 포괄하게 될 것이다. 그렇더라도 추론된 저자의 의도는 항상 문제가 되는데, 그것들은 불가피하게 저자의 동기보다는 독서 과정과 독자의 특징에 더 가깝기 때문이다. 개개 창작자의 의식적인 의도는 상정하기가 불가능하며, 일단 그것이 창작자의 손을 떠나면 어떤 예술 작품도 단지 읽혀지고 해석되기 위해 거기에 존재한다. 그 의미와 그것의 영향은 그 사건을 만들어낸 저자, 연출가, 디자이너, 음악가나 배우의 의도 이상은 아닐지라도 그만큼이나, 궁극적으로 독자/관객의 성격, 배경지식, 선입관, 선호도에 의존한다(에슬린, 1994: 156, 174).

동일함이 그 텍스트들의 표면 구조를 넘어서 추구될 때, 그 번역전략은 결국 다른 텍스트에서 아이디어나 개념을 빌려와 하나의 새로운 극의 기초로 사용하는 개념-번역으로 귀결될 수 있다. 가장 극단적인 형식의 각색은 원천 텍스트에서 재료나 아이디어, 주제를 선택하여 그것들을 재배치해서 새로운 요소와 결합함으로써 그 원천 텍스트의 모방작이나 패러디를 쓴다. 예컨대, 미셸 트랑블레의 『퀘벡의 녀석들』*Le gars de Québec*은 고골Gogol의 『정부 조사관』*The Government Inspector*의 줄거리를 따르며, 앙트완 말레Antonine Mallet의 『부르주아지 신사』*Le bourgeois Gentleman*는 몰리에르의 코미디를 모방한다. 두 작품 모두에서, 원작은 간텍스트로서 살아남는다(브리세, 1996: 12). 이와 같은 각색 작품에서의 주된 관심사는 원작의 일반성과 넓고 다양한 호소력을 위한 잠재력이다. 그러한 번역은 문화에서 지속적인 형식이나 원형을 재현하고 그것의 빈번한 재출현 때문에 신화의 지위를 확보한다. 이러한 종류의 각색 작품이 성공하는 것은 그것이 가진 풍부함의 문제이지 충실성의 문제가 아니다(앤드류, 1984: 98-99). 또한 새로운 연극은 예상치 못한 주제를 중심으로 짜일 수 있으며, 이는 한 정전적 극의 연속성을 파괴하여 그것의 전형적인 읽기를 의문시한다. 이러한 예는 장 비니Jean Binnie가 쓴 『레이디 맥베스』에서 볼 수 있는 것으로, 셰익스피어 극에 대한 그의 예외적인 읽기는 맥베스를 부재한 남편으로서 편집해서 빼버리고 열정적인 연인인 레이디 맥베스와 맥더프 경을 중심으로 전개하였다. "모든 성공한 남성 뒤에는 '훌륭한 여성이 있었다"는 것이 런던 언더그라운드극단에서 그 극을 상연하면서 내세운 주제였다(『에드먼튼 저널』의 축제 부록, 1994).

'정신'의 동일함이 주는 모호함에도 불구하고, '정신'의 동일함은 저작권에서는 진지하게 다뤄지며, 그것이 번역된 연극 텍스트에 대한 평가

에 적용되어온 사례들이 있다. 그 개념의 복잡성의 한 가지 예로는 1986
년에 헬싱키 공연을 위해 번역한 앤드류 로이드 웨버Andrew Lloyd Webber의
『캣츠』Cats가 있다. T. S. 엘리엇 학회는 원천 텍스트의 '정신에 대한 충실
성'을 내세워 헬싱키 마을극단이 상연을 위해 내놓은 번역을 불가 판정
했고, 이후 그것의 개정판이 나오게 되었다. 런던의 T. S. 엘리엇 학회는
학술 제도권의 전문가들의 권위를 사용하여 그 번역을 불가 처리하였는
데, 그것이 원작의 '정신'을 훼손하였다는 이유로 고소했다. 그 번역은 리
허설에서 철수했고, 그 학회의 승인을 받기 위해 문학체계 출신의 한 핀
란드 전문가와 한 영국 전문가에 의해 수정되어야만 했다(알토넨, 1996:
55).

각색이 외국 연극 텍스트 번역을 위해 선택될 때, 각색은 타자성과
그 텍스트가 재현하는 위계에 대해 특정한 반응을 보여준다. 각색은 고
정된 모델들─ 원천 텍스트의 제약, 그것들에 대한 기존의 해석이든, 번
역에 대한 기존의 생각들이든─ 에 거리를 두는 방법과 그것들을 자신의
목적에 맞게 전복시킴으로써 그것들에 도전하는 방법을 제공할 수 있다.
이렇게 구조화된 활동의 주변에서 방법을 찾고 그 번역물의 본국 영토의
제도권을 설득해내는 것과 관련된 바로 그 기교로부터 쾌락이 발생한다
(겐츨러, 1996: 125). 각색에서는 수용체계의 화용론이 원천 텍스트의 제
약들을 능가하며, 드 세르토가 원래 문화연구를 위해 만들어 낸 위장부
업la perruque의 개념이나 '가발'은 번역작품이 문화적 위계와 대중적인 하위
체계 모두에서 어떻게 작용하는지를 설명하는 데 사용될 수 있다. 드 세
르토(1984: 24-25)는 **위장부업**이란 사회 구석구석을 지배하는 제도화되
고 고정된 모델로부터 거리를 두는 것을 가능하게 만드는 실천 기술이라
고 정의했다. 노동자들이 직장에서 한 작업에 할당된 도구나 시간을 빌

려 자기 자신의 일을 하고 나서 그것이 고용주를 위해 한 것처럼 위장하는 것처럼, 번역작품들도 '고용주', 즉 한 우위의 문화와 그 번역물의 우위의 저자의 것으로 위장되었지만 사실상 자신의 목적에 맞게 전복된 일인 위장부업이 될 수 있다. 다체계 이론이 확립되는 과정에 있는 동질적인 체계를 설명하는 데에 가장 적합하다면, 드 세르토의 문화연구 모델은 이미 어느 정도 안정을 이루었고 더 이상 자신의 존재를 정당화할 필요가 없는 위계적이고 세분화된 체계를 설명할 수 있다.

일상생활의 실천은 회피적 순응의 실천으로, 그것에 의한 분열은 너무나 작아서 공개적으로 통제될 수 없을뿐더러 홀로 제거되거나 정화되거나 제거될 수 없다. 종종 이러한 활동들을 두고 문화 및 문학 비평가들은 일상적, 부차적, 파생적인 것으로 부르곤 하지만 그것들은 매우 창조적일 수 있다(겐츨러, 1996: 123). 연극에서, 위장부업은 외국 텍스트가 도착사회의 레퍼토리로 통합되고, 번역에 대한 일반적 담론과 저작권법 같은 사회적 제약들에 의해 설정된 조건을 뒤집지 않고 도착사회의 화용론과 양립하도록 만들어지는 방식을 기술한다. 저작권이 걸린 텍스트에 대한 각색 작품은 그것의 원천 텍스트를 복제하도록 상정되지만, 동시에 그것은 암묵적으로 원천 텍스트를 새로운 읽을거리로 전복한다. 연극의 실천 속에서, 텍스트들은 그것들을 연극 미학이나 사회적 기능과 관련된 다양한 역사적, 사회적 상황 속에서 도구화할 수 있는 새로운 읽기들을 발생시킬 수 있다. 하나의 모방작, 보통 문학과 연극체계에서 정전의 지위에 이르렀고 더 이상 저작권이 적용되지 않는 텍스트들의 모방작은 한 층위에서는 문화의 지속적인 형태나 원형을 나타내지만, 다른 층위에서는 전복적인 읽기를 소개함으로써 위에서 강요된 고정된 기존의 모델에 의문을 제기한다. 이상적 복제에 대한 무시와 이렇게 발생하는 원천 텍스트의 제약들에 대한 무시는 각색물들이 예술을 위한 예술, 즉 연극 미학(시학론적이거나 실용적인 '무대의 필요조건')을 위해, 혹은 공동체를 위해 중요한 것으로서 옹호되는 그런 사회적, 역사적 상황에서 그 정당화를 발견한다.

예술을 위하여

서양 연극번역사에서, 외국의 연극들은 많은 이유로 전복되었고, 텍스트는 다양한 역사적, 사회적 상황에 따라 결정된 방식으로 다시 쓰였다. 최초의 각색들의 사례는 로마 제국으로 거슬러 올라가는데, 그 당시 로마인들은 그리스 텍스트를 수입, 번역, 각색하였고 그것들을 자신들의 목적에 맞춰 전복시켰다. 로마가 강한 군사력으로 영토를 확장하려는 의지를 가지고 있었던 반면, 그리스는 예술과 문학 그리고 철학 분야에 있어서 탁월했다. 로마인들이 대안 문화를 만들었다는 것은 터무니없는 말일 것이다(브라운, 1995: 49).

현대 사회에서, 연극은 사회를 조형하는 데 필수 요소가 되었고, 국민 연극은 대개 독립과 문화 정체성을 위한 투쟁에서 가장 중요한 목표 중의 하나이다. 그러나 국민 연극이 확립되기 전에, 연극 활동은 통합되어야 하고 이를 위한 레퍼토리와 관객이 창조될 필요가 있다. 연극사에서 이것은 많은 문화 속에서 제도화된 연극의 토대를 준비했던 순회 극단의 임무가 되었다. 역할 면에서 볼 때 이러한 집단은 제도적 연극에서 요구되는 동일한 기대에 의해 제약을 받지 않는다는 점에서 현대 대중 연극과 비슷하다.

하나의 적절한 예가 핀란드인데, 이 나라는 1760년부터 1860년까지 스웨덴과 독일, 그리고 러시아의 전문 극단의 뒷마당 역할을 했다. 아마추어 연극은 몇 가지 언어로 성행했고, 극단들은 열거 가능한 모든 종류의 드라마를 상연하면서 핀란드의 여러 지역을 순회했다. 핀란드 귀족은 프랑스어, 영어, 독일어, 그리고 스웨덴어 극을 '원작'으로도, 또 '각색물', '번역물', '모조품'으로도 관람했다. 이 당시에는 원작과 그것의 번역물이 구분되지 않았고, 연극 장르들은 끊임없는 유동 속에 있었다. 극단의 레퍼토리에 있어서, 텍스트는 시나 소설에서 연극으로, 그 다음에는 음악이나 오페라를 사용한 연극, 그리고 무언극으로 바뀌었다(튜사넨, 1969: 59).

초기 핀란드 극단의 레퍼토리는 극단의 필요성이나 '무대의 필요조건'과 밀접하게 관련되어 있다. 극단들은 한 나라에서 다른 나라로 이동했기 때문에 공연을 유일하게 고정된 요소인 배우에게 맞춰야했는데, 이는 텍스트가 특정 배우들과 그들의 연기 스타일에 맞게끔 각색되었음을 의미했다.

텍스트는 주로 연극 상연용 소재로 간주되어서 거기에 재현된 작가나 원천문화는 특권적 위치를 누리지 못했다. 사실, 작가는 중요시되지 않아서 그 이름이 크레딧에서 사라졌다. 19세기 초에 유럽에서 가장 인기 있었던 극작가 중 한 명인 아우구스트 폰 코체부August von Kotzebue의 극은 처음에 독일어에서 프랑스어로 번역되었고, 그런 다음 다시 독일어로 번역되었는데, 그때 극작가의 이름은 크레딧에서 완전히 사라졌다(튜사넨, 1969: 59-60).

극작가나 원천 텍스트 그 어떤 것도 특별대우를 받지 못했고, 번역 전략은 전적으로 실용적인 고려사항에 따라 지시되었다. 이러한 극단들이 셰익스피어를 핀란드에 처음 소개했을 때, 그의 극은 스웨덴어나 독일어로 상연되었다. 1768년 수얼링Seuerling극단이 『로미오와 줄리엣』을 공연한 것이 최초로 여겨진다. 수얼링은 또한 셰익스피어를 스웨덴어로 공연한 최초의 연출가였고, 그 연극을 듀시스Ducis의 멜로드라마 버전으로 상연했다(할튜넨-살로사리Halttunen-Salosaari, 1967: 71). 1819년 『햄릿』은 스웨덴어 번역의 개정판으로 그 당시 수도였던 투르쿠에서 상연되었는데, 그것은 생략이 많고 상당히 교훈조로 된 비교적 자유로운 산문체 번역이었다. 더 나아가 그 번역은 스웨덴에서 상연하기 위해 감독에 의해 각색되었으며, 그 다음에 핀란드 공연을 위해서 번역자에 의해 수정되었다(히른Hirn, 1916: 258; 스미트, 1993: 101). 『맥베스』는 스웨덴어로 번역되어 토슬로극단이 1838년에 헬싱키에서 최초로 상연하였다. 그것은 쉴러Schiller의 독일어 판 극에 기초하고 있었는데, 그 번역은 옛 비일란트Wieland[17세기 활약했던 독일의 소설가 · 시인 — 역자] 산문체 번역을 다시 운문화한 것이었다. 그것은 외설스럽고 소름끼치는 구절을 생략한 데서 보이듯이 원천 텍스트를 상세하게 따르지 않았다. 그것은 문지기 장면의 대화 부분을 수정했고 맥더프의 성에서 벌어진 살인 장면 전체와 마녀의 주문 거는 장면의 3.5행을 생략했다(랑케Ranke, 1993: 166-167; 스미트, 1993: 101-102).

초기의 셰익스피어 공연은 저자나 독창성이 아니라 극에서 제시한 이야기에 초점을 맞췄다. 비록 연극 텍스트는 프랑스나 독일처럼 우세한 유럽 문화의 중심지에서 왔지만, 그 텍스는 최고의 지위를 누리지 못했고, 더구나 공연 때마다 수정되었다. 영어 원천 텍스트는 그 속에서 미미한 역할을 하였다. 극단은 자기들의 인기 남우나 여우에 적합한 배역을 원했다. 예를 들어, 그 극단의 연출가인 칼 수얼링과 피에르 드란드는 그들 자신이 배우였고, 드란드의 형과 수얼링의 부인도 그러했다. 화려하고 과장된 그들의 독특한 연기 스타일은 극의 선택에 영향을 주었던 것 같다(튜사넨, 1969: 53-54, 59). 그러한 선택을 결정짓는 것은 우수한 문화가 아니라 그 연극들이 제공하는 소재였다. 번역물은 산문이나 운문으로 되어 있지만, 모든 것은 장면의 생략과 재배열을 통해 행위를 단순화하는 특징을 지녔다.

비록 극단의 결정이 원천 텍스트의 제약에 따라 좌우되지는 않았지만, 그들은 담당 당국을 통한 사회 체제의 감시를 받았다. 검열 시대에, 연극 공연은 바로 그 당시의 시간과 공간뿐 아니라 순간적인 소리언어와 연관되어 있어서 다른 방법으로는 불가능했을 담론의 표현에 때때로 중요한 역할을 하였다. 연극 공연은 인쇄 문학보다 감시하기가 더 어려워서 불만이나 반항을 표현하는 데 있어서 더 효율적인 방법이다. 예를 들어, 1850년 핀란드에서 종교적인 글 이외의 글이나 경제 문제와 관련된 글의 출판을 금지하는 검열법을 짜르 니콜라스 I세가 승인했을 때, 연극 번역은 그 법에 대항하는 아주 중요한 수단이었다(헬레만Hellemen, 1970: 424). 이를 지지하는 근거를 겐츨러(1996: 125)도 내놓는데, 그는 '원본'에서 말할 수 없었던 어떤 것을 분명하게 표현하기 위해 번역을 이용할 수 있다고 주장했다. 1950년대부터 1980년대 후반까지 러시아나 중유럽에서는 어떤 목적을 위해 그 체계를 사용하는 전략은 번역에서 가장 잘 볼 수 있었고, 정당 관료들은 검열을 창의적으로 회피하는 과정을 알아차리지 못할 때가 있었다. 때때로 그 관료들은 예민했다. 예를 들어, 핀란드 국립 극단이 1885년 상뜨 뻬쩨르부르크에서 『마을의 구둣방』*Nummisuutarit* [핀란드 문학의 창시자로 일컬어지는 알렉시스 키비Aleksis Kivi의 작품으로 사실주의 연극을 대표하는 작품−역자]을 공연했을 때 검열로 인한 몇 가지 문제가 있었다. 또한 『황금십자가』*Kultaristi*에서도 문제가 발견되어 어떤 부분은 편집되어야 했다. 그 극에서 러시아에서 퇴각하는 프랑스 군인들은 러시아의 겨울, 코사크인들과 그들의 창에 대해 불평하고, 또한 그 극에 나오는 노래 중 하나는 프랑스 국가인 '마르세이유'*Marseillaise*이다. 당국은 그 극을 금지하고자 했으나 텍스트에서 몇 가지가 바뀌고 나서 상연을 허락했다. 러시아는 스페인이 되고, '위험한' 노래들은 무해한 노래들로 대체되었으며, 제목인 『황금십자가』는 『금반지』로 바뀌었다(아스펠린-하프킬라, 1909: 234).

체계가 잡힌 강한 연극 전통들과 그것들의 주류 연극에서, 연극 상연을 위해 각색한 사례는 역사상 많이 있다. 연극 텍스트는 문학으로 읽히는 텍스트와는 다르다는 것과 극이 무대에 상연되기 위해서는 단순화될 필요가 있다는 것은 지금까지 인정 받아온 사실이다. 예컨대, 독일의 경우, 1770년대에 독일어 연극을 위해 셰익스피어를 발견한 것과 국민 연극을 확립하려는 노력과 동시에 일어났는데, 이때 상연을 위한 번역자가 어느 부분을 생략하고, 대체하며, 독일화할 것인가를 결정하는 식으로 연극에서 번역과 각색의 결합을 지지했다고 현대의 영향력 있는 극 비평가 요한 프리드리히 쉰크Johann Friedrich Schink는 설명했다(랑케, 1993: 165).

강한 연극체계에서 토착 연극은 번역 작업에 관한 조건들을 정하였다. 예를 들어, 장-프랑소와 뒤시스Jean-François Ducis가 1770년에 프랑스에서는 최초로 셰익스피어의 『햄릿』을 각색할 때, 프랑스의 연극 관습을 따르면서 프랑스 비극들과 비슷하도록 만들었다. 뒤시스의 『햄릿』은 프랑스 산문으로 된 이 극의 줄거리를 기초로 한 것으로, 그는 줄거리를 재구성하고 배우의 수를 줄여서 알렉산더 시행으로 된 매끄러운 상연용 텍스트를 만들었다. 그 번역은 다른 플롯을 가지며, 주요 등장인물들 간의 관계를 바꾸고, 시간, 장소, 행동의 일치를 준수한 점에서 셰익스피어나 앙트완 드 라 플라스Antoine de La Place에 의한 『햄릿』의 초기 판들과는 달랐다. 희극의 느낌이 조금이라도 있는 장면은 삭제되었고, 어휘는 비극적인 의미를 많이 함축하는 단어들로 제한되었다. 셰익스피어의 이중성과 말장난은 삭제되었고 어조에 있어서 흔하고 저속하다고 여겨졌던 단어들도 그러했다. 그 연극은 고전 비극의 원칙을 따랐다. 대중들에게 대 성공적이었으며, 듀시스 생존 당시 9판을 거듭했다. 코메디 프랑세즈에서 공연한 그 기록은 18세기에 저술된 어떤 다른 비극보다도 우수했고, 그 번역은 또한 프랑스 바깥의 수많은 셰익스피어 번역을 위한 기초가 되었다(위의『로미오와 줄리엣』의 스웨덴어 번역을 참조하라)(헤일렌, 1993: 27-33).

위에서 언급한 독일과 프랑스의 예들은 에벤-조하르가 설명한 강한 체계의 작동 모델을 뒷받침한다. 번역은 강한 체계에서는 중심적인 역할을 차지하지도, 혁신자의 역할을 할 것 같지도 않다. 외국의 연극 텍스트는 자국의 작품과 그것의 관례를 따르기 위해 개작되는 경향이 있다.

특히, 원천문화가 열등한 것으로 여겨지거나 혹은, 적어도 자신의 것보다 우수하지 않은 것으로 여겨질 경우, 강한 연극체계는 보다 유리한 위치에서 조건을 정하고 외국극의 수용을 결정할 수 있다. 브레히트의『억척 어멈』*Mother Courage*의 수용에 대한 르페브르의 설명(1982: 10-13)에서 보듯이, 자국의 체계가 종종 원천 텍스트의 시학과 정치학 모두를 자연화시키는 번역의 조건을 정할 것이다.『억척 어멈』이 미국 연극상연을 위해 1941년에 헤이즈Heys에 의해, 또 1960년대에는 벤틀리Bentley에 의해 번역되었을 때까지만 해도 브레히트는 아직 서양에서 정전화되지 않았다. 르페브르(1982: 4, 7)에 따르면, 각색을 통한 동화작용은 어떤 일반적인 원칙을 따르며, 또 수용체계와 사회가 필요로 하는 것뿐만 아니라 번역이 이루어지는 체계 내에서 받아들여지는 작가(혹은 작품)에 대한 평판과 같은 요소와 관련 있다. 브레히트가 미국극의 체계내에서 자신의 지위를 확립하지 못했다는 사실은 그 원천 텍스트의 미학이 경시된 이유를 말해준다. 그 번역들은 둘 다 미국 오락 산업의 관례를 따르기 위해 그 극을 개작했다. 이 번역들은 뮤지컬 스타일에 가깝도록 노래를 극에 완전히 접목시키고자 했다. 예를 들어, 벤틀리는 구두체 텍스트와 노래 사이에 '넘어가는 대사'를 삽입했고, 또한 노래 가사가 뮤지컬의 스타일과 음역을 더 잘 따르도록 했다. 브레히트의 간접적인 화법은 브로드웨이 무대의 시학과 일치하지 않았기 때문에 헤이즈와 벤틀리는 모두 브레히트가 관객들이 스스로 스타일과 음악을 짜 맞추기를 원했던 것을 관객-독자들에게 명확하게 전달하고자 했다. 브로드웨이 연극의 시학은 또한 헤이즈가 브레히트의 텍스트를 막과 장으로 재구분한 것을 선택하기로 결정했다. 벤틀리는 브레히트의 장면을 유지했으나 각 장에다 제목을 붙였다. 또한 브레히트의 대사는 수용체계의 시학에 맞추려면 더 유연하게 흐르도록 만들어야 했기 때문에 배우들이 말없이 오랫동안 우두커니 서 있지 못하도록 대사를 다시 골고루 분산시켰다. 게다가 감정이 표나게 부족한 곳에는 약간의 감정이 첨가되었다.

구미 연극의 이후의 사례들을 살펴보면, 각색은 원천문화에 중심적인 작품의 정수를 가져오며, 그렇게 하지 않았더라면 다른 문화의 사람들이 접근조차 할 수 없었을 그러한 정수를 접할 수 있게 해준다는 점을 공공연히 표방한다. 그래서 각색은 외국극을 소개하는 것을 스스로 공언한 목적으로 삼고 있는 강력한 문화의 한 사례이다. 그러나 다른 연극의 전통이나 장르에서 작품의 본질을 끌어내는 것은 아주 복잡한 임무이다. 특히 지배문화의 관점에서 그것이 이루어지기 때문에 각색은 복잡한 심정으로 수용되어 왔다. 각색은 원천 텍스트에 관한 제약과 도착사회의 필요성간의 절충이 이루어지기 때문에, 그것의 해결방안에 대해 찬사와 비판을 받게 된다. 각색은 타자성이 도착문화를 통해 문화적으로 변용되고 제거되기 때문에 타자성을 경시한다는 비난을 받아왔다. 또한 각색은 어떤 체계 내에 있는 요소들과 함께 표현될 수 있는 것이 또 다른 체계의 요소들과도 똑같이 잘 표현될 수 있다는 믿음, 즉 구조의 이종동형이라는 철학의 범죄를 저질러 온 것이다. 칭찬과 비판은 함께 인정되고 공감될 수 있다. 즉, 하나의 각색물은 그 초점이 도착점에서 원점으로 이동되거나 혹은 그 반대의 경우라면 다르게 읽혀진다.

장-클로드 카리에르Jean-Claude Carrière와 피터 브룩의 『마하바라타』는 양극단의 평가를 받았다. 번역전략은 몇 가지 요소들 간의 절충을 나타낸다. 예를 들면, 그러한 요소들로는 서사시에서 무대 연극으로의 일반적인 변화, 통시적으로 고대로부터 현대의 문화간 연극으로의 텍스트 이동, 그리고 또한 동양의 연극 전통을 가진 구식민지로부터 종종 신식민주의의 혐의가 있어 보이는 서양 전통을 가진 문화로의 문화수입이 있다.

『마하바라타』는 100,000개 이상의 연으로 된 산스크리트어 시이다. 고대 이야기들로 구성된 이 시의 알려져 최초의 판본은 기원전 5~6세기로 거슬러 올라가고, 그 후 700~800년 동안 계속해서 여러 판들이 나오다가, 기원후 3~4세기에 그것들이 다소 명확한 형태를 갖추게 되었다. 그 시는 18세기 전에는 유럽에서는 전혀 알려지지 않았다. 『바가바드 기타』(그 시의 한 절)의 초판은 1785년 런던에서 찰스 윌킨스의 번역이, 1787년 파리에서는 M. 파로의 프랑스어 번역이 출판되었다. 이 시 전체에 깊이 빠져든 최초의 유럽인은 역시 18세기 후반에 인도에 30년 동안 살았던 프랑스계 스위스 육군 장교였다. 19세기에 프랑스인 동양학자인 이뽈리트 프라우셰Hippolyte Frauche는 그 서사시 전부를 프랑스어로 번역하는 거대한 임무를 맡았다. 프라우셰가 죽었을 때 L. 발렝 박사Dr L. Balin가 그 일을 이어받았지만, 그 역시 그 일을 완성하지 못하고 죽었다. 카리에르가 "세계 최고의 시"라고 묘사한 이 시의 프랑스어 완성본은 없다(카리에르, 1988: vi-vii).

그 프랑스 번역자 장-클로드 카리에르는 1982년 가을에 그의 각색물의 최종 초안을 시작해 1983년과 1984년까지 내내 계속했다. 1984년 9월에 리허설이 시작되었을 때, 극이 쓰여졌지만, 뚜렷한 구조가 없었다. 9개월간의 리허설 동안 끊임없이 변화가 있었다(카리에르, 1988: ix). 카리에르는『마하바라타』의 학술용 프랑스어 번역 텍스트를 읽고 이를 각색의 기초로 삼았다. 그는 완전히 새로운 장면들을 추가했으나 서사시의 고유 명칭과 어조는 유지했다. 또한 그는 "단어의 사용에 있어서 무의식적인 식민지화를 막기 위해" 산스크리트어 용어를 유지했다(파비스, 1992: 194). 나중에 그는 번역 과정을 이렇게 설명했다.

처음부터 우리가 줄거리의 부차적인 요소를 제외해야 하는 것은 명백해 보였다. 이러한 요소들 중 일부는 50페이지 이상 계속 된다. 어떤 것은 더 짧아서 단 한 페이지만을 차지할 수 있다. . . . 우리가 이야기꾼/저자를 필요로 한다는 것은 명백해졌다. 주요 등장인물이 16명이고, 그들 각자는 성격이 독특하고 종종 복잡하며, 정도의 차이는 있지만 전체 행위의 중요한 일부로서 특유의 이야기를 가지고 있다. 우리는 이들 중 한 사람, 플롯에 미치는 효과가 미미한 현명하고, 겸손하며, 분별력 있는 비두라Vidura를 빼버렸다. 그는 그 시에서 거의 언제나 순전히 언어적으로만 역할을 하기 때문에 다른 등장인물 속으로 통합되었었다. (카리에르, 1988: x)

『마하바라타』라는 거대한 서사시를 개작하여 하나 또는 세 개의 연극으로 변형시키기 위해, 우리는 우리의 상상력으로부터 새로운 장면을 끌어내야 했고, 시에서는 결코 마주치지 못했던 등장인물을 함께 데려와야만 해야 했다. 그 작품 자체와 관련해서, 우리는 고풍의 혹은 구식의 언어들이 가진

관념을 버렸는데, 왜냐하면 그 언어들이 중세나 고대 설화가 지닌 일련의 어울리지 않는 이미지들을 연상시키기 때문이다. 다른 한편으로는 이 이야기를 현대적이고, 친숙하고, 혹은 심지어 상스러운 언어로 말하는 것은 불가능했다. 그러나 프랑스 고전 혹은 신고전주의 언어의 품위를 유지하는 것도 물론 이에 못지않게 불가능했다. 그래서 우리는 보통 결코 함께 사용되지 않는 단어들과 대비시키거나 이들을 병치하기 위한 수단으로서 간결하고, 정확하고, 차분한 언어를 사용하기로 결정했다. 우리가 등장인물의 이름을 유지하는 반면, 대부분의 산스크리트어 단어들에 대한 동의어를 찾아내었다. 두 가지 예외가 있었다. 하나는 크샤트리아*Kshatriya*였고 나머지 하나는 다르마*dharma*였다. (카리에르, 1988: xi-xii)

장-클로드 카리에르의 각색물은 피터 브룩이 연출하였고 또 나중에 그가 영어로 번역하기도 했는데, 서양의 관객들에게 성공적이었으며 또한 문화간 연극의 실천에 대한 연구에 영감을 주었다.

그 작품은 원천 텍스트와 문화가 지닌 제약들을 무시하고 경시한데 대해 엄정한 비판을 촉발하였다. 인도 연구원이자 학자인 러스텀 바루차는 브룩을 가장 혹독하게 비평한 사람 중 한 명으로서, 최근 몇 년동안 카리에르와 브룩이 문화를 가장 뻔뻔스럽게 도용했다고 비판했다. 바루차에 따르면, 카리에르의 각색물은 다소 인위적이고 과장된 동화처럼 읽히는데, 그것은 『새들의 회의』에 나오는 파리드 우드 딘 아타르 Farid-ud-din Attar의 12세기의 수피교 시를 카리에르와 브룩이 각색한 것과 비슷한 경우이다(바루차, 1993: 68-69).

바루차(1993: 71)는 그 각색이 텍스트에서 근원적인 힌두교의 철학을 제거함으로써 텍스트를 왜곡한다고 주장한다. 관객은 웃기지 않는 부분에서 웃고, 인물들은 자의적으로 연기하며, 그리고 그들이 특정한 방식으로 연기하지만, 그 연기에는 분명한 동기가 없다. 명확한 종교적인 틀이 없어서, 등장인물들이 관객들이 지니고 있는 기독교적인 세계를 공유하는 현상이 발생한다.

이 예는 원천문화의 텍스트들이 이와는 다른 연극체계나 사회에서 어떻게 사용되어야 하는지를 결정하는 데 있어서 원천문화가 아무런 힘이 없다는 점을 강조한다. 그 자체로 선언한 의도가 어떠하든 간에 문화간 공연의 출발점은 주로 외국문화에 대한 관심이 아니라 자신의 문화 내에 존재하는 완전히 특수한 상황이다. 『마하바라타』의 경우 이에 대한 비평은 '양방향 통행로'와 같은 것일지도 모르는 문화간 연극에 대한 기대에서 나오는 환멸감을 나타낸다. 문화간 공연은 자국 연극, 자국 문화와 그것이 요소를 채택해오는 외국의 연극 전통과 문화 사이에서 이루어지는 것인데, 이러한 관계망은 불행하게도 항상 본국인들에 의해 지배된다.

또한 현대 주류 극단과 주변부 극단들은 문화적, 사회적 중개자로서의 임무를 띠는 것과는 별개로, 아마 가장 중요하게는 경제적 고려사항에 의해 좌지우지된다. 그들은 생존 가능성에 관한 구체적인 문제를 경제적인 관점에서 풀어야 하는데, 이는 각색물에 대한 결정에 영향을 끼칠 수 있다. 경제가 어떻게 외국 연극 텍스트의 개작을 지배할 수 있는가의 예는 1995년 핀란드의 쿼피오 타운 극장에서 브렌단 비한Brendan Behan의 『인질』The Hostage을 공연한 것이다. 연출가 펜티 페사Pentti Pesä는 소규모의 연극 무대를 위한 더 나은 경제적 선택을 할 수 있도록 그 극을 개작하여 무대장치를 바꾸고 어느 강한 여성의 역을 부각시켰다. 그 극은 원래 필요할 때 등장인물들이 출입할 수 있도록 위층과 아래층이 있는 사창가가 무대였다. 쿼피오 판에서는, 극단이 폐업한 술집의 오래된 가구를 가져왔기 때문에, 그 극은 무대를 술집으로 바꾸었다. 더구나, 그 배역들을 수정해서 그 집의 여주인인 메그Meg의 역에 초점을 맞추었는데, 그건 그 당시에 그 극단의 주연 여배우를 투입하는 것이 가능했기 때문이었다. 이와 유사하게 『비소와 낡은 레이스』Arsenic and Old Lace는 그 극단의 제작진에 맞추기 위해 길이를 줄이고 두 명의 남자 배역들을 여자 배역들로 바꾸었다(펜티 파사와의 사적 대화, 1996).

아마추어 극단은 제도 내의 극단보다 훨씬 더 엄격한 재정적 영향을 받는다. 제도내의 극단이 제작진이 더 많으며 더 정교한 고정 무대장치가 설치되어 있어서 관객들에게 더 나은 시설을 제공할 수 있는 반면, 아마추어 극단은 이보다 훨씬 더 극적으로 연극 텍스트를 필요에 맞게끔 조정할 필요가 있다는 점에서 초기 극단과 닮아 있다. 그래서 작은 극단은 특정한 배역, 무대, 그리고 관객을 위해 그들의 텍스트를 선택하고 개작할 필요가 있다.

무대의 필요는 다른 어떤 고려사항보다 우선한다. 이것은 트레버 그리피스(1982: 9-17)가 아마추어 극단을 도울 목적으로 쓴 영국의 지침서인 『연출법』Stagecraft에 효과적으로 설명되어 있다. 예를 들어, 이 책은 상연작품과 배우가 극작가의 의도를 제공하고 극의 줄거리와 주제를 전달한다 할지라도, 연출가는 극을 지나치게 존경하는 식으로 대우해서는 안 된다고 조언한다. 만약 연출가가 저작권을 여전히 갖고 있는 작가의 작품을 많이 수정하고 싶다면, 연출가는 변경사항을 작가의 대리인에게 보내서 승인받아야 한다. 그러나 연출가는 변경하는 것이 꼭 필요하다고 생각한다면, 쉽게 단념해서는 안 된다. 『연출법』은 무삭제 극의 상연을 결정하기 전에 몇 가지를 고려해 보는 것은 항상 가치가 있다고 강조한다. 첫째로, 연출가에게 극의 줄거리가 약간의 삭제에 의해 간소화될 지고려해 보라고 권고한다. 그들은 또한 어떤 등장인물들을 결합함으로써 한 명의 큰 배역으로 극을 상연하는 것이 가능한지 고려해야 한다. 연극의 길이는 중요한 요소인데, 적어도 관객들에게는 좌석이 불편하다면 긴 시간동안 집중하지 못할 것이기 때문에 그렇다. 마지막 버스 혹은 지하철이 언제 떠나는가하는 지역의 교통수단은 이를 결정하는 데 영향을 미친다(그리피스, 1982: 9-17).

각색의 동기는 매체의 변화 때문일 수 있다. 예를 들어, 라디오에서, 텍스트는 시각적인 요소의 부족함을 보충하기 위해 개작되어야 한다. 앤소니 비비스Anthony Vivis는 어떤 기사에서, 그가 토마스 슈트리트마터Thomas Strittmatter의 『연못』Der Polenweiher을 영어로 번역할 때 어떻게 무대 분위기 지시문이 주요 등장인물들 중에서 부각된 한 명의 해설자, 즉 주인공의 역할 속에 통합되어버렸는지 회상한다. 그 나레이터가 중요한 이유는 라디오를 위해 연기가 더욱 빤히 보이게 만들어져야 했기 때문이다. 또한 순전히 시각적인 어떤 장면들은 따로 설명이 필요 없는 대화로 재구성되었고, 괴테의 『파우스트』에 대한 언급들은 그것이 좀 덜 분명하게 드러난 곳에서는 『맥베스』에서 따온 구절들로 대체되었다(비비스, 1996: 43). 바스넷(1998: 96)은 BBC 라디오를 위해 데이비드 허스트David Hirst와 같이 피란델로의 『발견』Trovarsi을 번역할 때 어떻게 변화가 이름이나 대사에까지 확대되었는가를 설명한다. 여기서 이름은 청자들에게 누가 누구에서 말하는가를 분명하게 위해서였고, 대사의 추가는 시각적 신호를 명확히 하기 위한 것이었다.

이 절에서 논의한 각색물들은 연극 미학 혹은 '무대의 필요조건'이 원천 텍스트를 조정하는 주요 동기가 되었던 상황에서 쓰여진 것들이지만, 그것들은 또한 타자성에 대한 도착사회의 일반적인 태도와 관련되어 있어서 사회적 담론과 이데올로기적으로 연결되어 있다. 어떤 각색물에서, 특수한 세계관과 같은 이데올로기적 고려사항은 예술을 위한 조정을 수반할 수 있다. 헤이즈가 번역한 브레히트의 번역물의 경우가 어느 정도 이에 해당하는 셈인데, 헤이즈는 극에서 연설문들을 완전히 생략하면서 공격적인 평화주의를 누그러뜨리고, 전쟁과 상업 사이의 관계를 형성했던 대사를 생략함으로써 이들 간의 명확한 연관관계를 약화시켰다(르페브르, 1982: 14).

소규모 극단은 전통적으로 사회 비평을 위한 순간을 포착하는 데 더 유연했지만, 주류 연극들도 논평의 섬세함이 좀 떨어질지는 몰라도 역사의 특정한 순간에 도착사회에서 중요한 논의에 가담할 수 있었다.

공동체를 위하여

외국 연극은 사회 전체의 의제에 해당되거나 그 사회의 어느 영역에서 중요한 일련의 문제에 대해 목소리를 내는 데 중요한 역할을 한다. 외국 고전을 애국적인 목적을 위해 끌어다 쓰거나 지역의 문제들을 해결하기 위해 전복시킨 예는 많이 있었다. 핀란드에서는 19세기에 그들 자신의 문화에 대한 권리의 문제가 중요한 쟁점이 되어 핀란드 문학과 핀란드 국립 극단을 세우려는 계획들이 세워졌다. 셰익스피어『맥베스』의 최초 핀란드어 번역은 핀란드의 문화적 맥락 안에서 그 극을 핀란드 역사의 한 부분으로 개작한 것으로 이러한 논의에 가담했다. 그 번역은 핀란드인들이 그들 자신의 권리로 누구나 자랑스러워 할 수 있는 역사를 가진 국민임을 증명해내야 하는 임무를 부여받은 것이다.

라거발J. F. Lagervall의『맥베스』번역은 1834년에 완성되었으며, 스웨덴어 번역과 이를 통한 쉴러Schiller의 독일어 번역을 기초로 하였다(히른,

1916: 260). 라거발은『맥베스』를 순전히 핀란드극으로 만들었다. 그는 그 작품에 '왕실의 성'*Ruunulinna*이라는 핀란드 이름을 붙이고, 부여했고, 핀란드의 국민 서사시의 또 다른 특징인 두운법뿐만 아니라 핀란드 민속시의 전통적인 칼레발라 운율을 사용함으로써 원천 텍스트를 토착화시켰다. 멕베스는 핀란드 왕의 지배를 받는 핀란드 군대의 장군으로, 맥더프는 18세기의 유명한 게릴라군의 수장으로 바뀌었다. 맥베스 부인은 의지가 강하지만 사악한 핀란드 여성이 되었는데, 권력을 향한 그녀의 끊임없는 열망은 타고난 것이 아니라 마녀들이 제안한 것이다. 마녀들은 이름과 행동 모두에서 고난, 역경, 속물과 같은 재난을 구현하였는데, 그들은 그 성격에 어울리게 전체적인 파멸을 고의로 꾸몄다. 자연과 사랑은 재난을 없애주고 여주인을 보호하는 긍정적인 힘들로 나오는데, 이 힘들도 그러한 파멸을 막을 수는 없었다. 마녀 장면은 더 부각되어 핀란드 신화와 연결되었다(알토넨, 1997: 60-61; 팔로포스키, 1997: 136). 약 40년 후에 핀란드 연극에서 극적인 일부분으로서 중요했던 맥베스 부인의 몽유병 장면은 이 극의 최초 번역에서서 생략되었기 때문에 그녀의 광기는 편집에서 빠졌다. 그녀는 맥더프의 지지자들이 성에 들어오는 것을 막기 위해 성문을 닫으려고 하다가 그들의 발에 짓밟혀 운명을 맞게 되었다.

　　라거발(1834: 119)은 후기에서 그 연극의 배경을 핀란드를 선택한 이유를 밝혔다. 그에 따르면, 셰익스피어의 이야기가 분명히 스코틀랜드에서 발생하지 않은 것처럼(그리고 그는 이 주장을 지지하기 위해 월터 스코트*Walter Scott*를 인용한다), 그 이야기가 핀란드에서도 일어날 수 있다는 것이다. 그리하여 라거발은 필요한 부분을 조정하였고, 스코트조차도 그러한 재배치의 세부사항에 대해 이의를 제기할 수 없을 것이라고 덧붙였다. 라거발은 희곡을 위해 핀란드 전역에서 가장 흔하게 사용되고 가장 쉽게 이해할 수 있으나 운율에 가장 잘 어울리는 방언을 선택했다고 설명했다. 그는 발음에 따라 철자를 수정했고, 어휘의 경우에는 아주 필요한 경우가 아니라면 아름답고, 아주 친숙하게 여겨지는 핀란드 격언, 속담, 시, 그리고 운문에 나오는 단어들을 선택했다.

라거발 극의 책표지는 그의 번역이 원천 텍스트와 어떤 관계가 있는지를 알려준다. 거기에는 헐렁한 바지와 셔츠를 입고 작은 모자를 쓴, 즉 핀란드 국민 서사시의 창시자인 엘리아스 뢴로트Elias Lönnrot와 매우 흡사한 한 남자가 등장한다. 그 남자는 광활하게 펼쳐진 바다를 배경으로 핀란드의 전통 현악기 칸텔레를 연주하고 있다(알토넨, 1996: 2). 라거발의 『맥베스』 번역은 상연되어 영향을 끼쳤으면 하는 바램을 그가 표현한 적이 있었지만 결코 상연된 적이 없다(아스펠린-하프킬라, 1906: 4). 그 자신의 극 역시 상연된 적이 없는데, 이 사실은 핀란드 연극의 훌륭한 대변인 중 한 사람인 그조차도 연극체계에서 무엇이 필요한가를 이해하지 못했다는 걸 말해준다. 하지만 라거발의 번역전략은 연극을 거부하기 위한 것이 아니다. 그 이유는 문학과 연극체계 모두에서 초기 번역들이 그것들의 원천 텍스트들을 재현실화 하는 경향이 있었기 때문이다(헬레만, 1970: 449). 라거발은 자신의 번역을 출판하기 위해 내놓기도 했는데, 언어와 정자법을 약간 수정했더라면 그것은 받아들여졌을 것이다. 하지만, 그는 극을 수정하기를 거부해서 자비로 출판해야만 했다.

희곡의 담화와 도착사회의 사회적 담화를 연결시키려는 이와 유사한 동기가 현대의 퀘벡에서도 발견된다. 미셀 가뉴Michel Garneau가 1978년에 『맥베스』를 번역했을 때, 그는 공간적으로는 노골적으로 도착 언어를 사용함으로써, 그리고 시간적으로는 번역 언어로 고어 형태와 같은 어떤 특질들을 사용함으로써 이 극을 퀘벡의 맥락 속에 재현실화하였다. 그 번역은 원본의 지명은 채 절반도 유지되지 않았고, 지명의 부가어들이 상당히 많이 생략되었기 때문에 지명이 이전보다 모호하게 변했다(던시네인 근처의 시골*The Country Near Dunsinane* → 던시네인 시골에서*Dans la campagne; Dunsinane.* 성 안에서*Within the Castle* → 맥베스의 집에서*Chez Macbeth*). 상투어로의 체계적인 변화가 있었으며, 비극의 시공간적인 표지는 역사적으로 인지 가능한 퀘벡에 어울리도록 바뀌어『맥베스』는 '새 프랑스'를 닮은 영토로 옮겨 심어졌다(브리세, 1996: 109-118).

그 텍스트에서 셰익스피어의 세계를 이루는 인명과 지명의 삭제함으로써 퀘벡의 독자와 관객들은『맥베스』에다 그들 자신의 역사와 운명을 투영하도록 한 것이다. 퀘벡어로 된『맥베스』공연의 관객들은 셰익스피어 극이 이념적으로 도착사회와 연관되어 있다는 인상을 받았다. 가뉴의 번역은 퀘벡인의 세계관에 기초한 담론으로 정의된 어느 사회와 그 사회가 지닌 역사의 산물이다. 가상의 스코틀랜드 묘사가 퀘벡, 혹은 더 구체적으로 말하면 '자유 퀘벡'[21]Québec libre 이라는 시공간적 존재와 일치하도록『맥베스』에서 특정 구절이 보강되거나 삭제되었다(브리세, 1996: 158-161).

1960년대 후반에 일본에서 소극장 운동이 일어났을 때, 그것은 그 당시 일본 사회와 그것이 안고 있는 문제와 관련 있는 것이라기보다는 단지 한물 간 서구의 양식을 모방한 것으로 보였던 엘리트주의 연극에 대한 하나의 저항이었다. 그 운동에 가담한 극단 중 하나는 토가의 스즈키극단이었는데, 그 극단은 종종 서양 극에서 유래한 작품을 공연하면서

---

21) 캐나다가 영국령이 된 이후 프랑스어는 영어에 비해 천한 언어로 전락했으나, 이러한 분위기는, 1967년 프랑스 대통령 드골이 몬트리올 방문시 호텔 발코니에서 "자유 퀘벡 만세"Vive le Québec libre!라고 소리친 것을 계기로 사회 다방면에서 일어난 '조용한 혁명'으로 바뀌게 되었다. ─ 역자

서양과 일본의 연극전통이 지닌 각각의 특징들을 섞었다. 예를 들어 체홉의 『세 자매』를 공연할 때, 작품의 길이를 줄이고 대사를 절반 이상 삭제하여 공연시간은 한 시간 남짓했다. 4막은 장면 10개로 수정되었다. 스즈키극단은 안드레이를 제외한 모든 남성 인물들, 즉 군인들을 하나로 통합하여 그들의 대사를 남자 1, 남자 2로 불리는 두 등장인물에 배정했다. 『세 자매』의 내용 또한 줄었다(피셔-리히터, 1989: 175-176).

스즈키는 서양 양식을 무조건적으로 따르게 될 때 어떤 일이 일어나는지를 비판적으로 보여주기 위해서 체홉의 극을 상연한 것이다. 서구화는 인생의 비인간화를 수반하는 것으로 보였다. 말하자면 남자들에게 그것은 미래의 더 나은 삶에 대한 철학을 가져다주었으나 그들을 침략과 폭력으로부터 지켜주지 못했다. 여성들에게 서구화는 당시 상황에서는 실현이 불가능했던 (사랑에서) 행복의 꿈과 희망을, 그리고 (일에서) 자아성취를 보여주었다(피셔-리히터, 1989: 180).

고전극은 각색에 적합한 소재일 뿐 아니라 각색을 통해 도착사회의 사회적 담화와 양립할 수도 있다. 비록 저작권법의 제한이 고려되어야만 하지만 현대의 극들 역시 이러한 목적으로 개작된다. 특정 장면의 첨가를 통한 각색이 어떻게 이데올로기적 동기에 의해 시작되는지는 숀 오케이시Sean O'Casey의 『쟁기와 별』*The Plough and the Stars*의 핀란드 번역에서 그 예를 볼 수 있다.

숀 오케이시의 『쟁기와 별』은 1916년의 부활절 봉기를 그 배경으로 삼았는데, 그 당시 지원병들은 아일랜드 시민 군대와 함께 더블린 전 지역을 행진하며 중앙 우체국을 점령했다. 우체국 앞 계단에서, 패트릭 피어스Patrick Pearse는 공화국 설립을 선언하는 성명서를 낭독했다. 격렬한 전투가 벌어졌지만 요새는 하나씩 함락되었다. 반란군들은 일주일 동안 버렸지만 나라의 어떤 지역에서도 증원 부대를 얻을 수 없었기 때문에 항복해야만 했다. 결국 그 극이 자유 혁명론자의 정신적, 육체적 패배로 끝난다. 1972년 핀란드에서 그 극이 상연되었을 때, 그 번역은 아일랜드 사람들이 영국 왕실에 대항하여 싸움을 계속하기로 결정하고 패배를 받아들이기를 거부하는 새로운 마지막 장면이 첨가되었다. 이것은 1968년 북아일랜드에서 투쟁이 재개된 사실을 설명하기 위해 의도되었는지도 모른다.

각색은 저작권이 면밀하게 감시되고 강요되는 정도에 따라, 도착사회에 기여하기 위한 다양한 방식으로 원천 텍스트를 전복할 수 있다. 다리오 포Dario Fo의 『어느 무정부주의자의 우연한 죽음』*Accidental Death of an Anarchist*이 1979년 웨스트엔드에서 처음으로 상연되었을 때, 포는 그 공연을 관람하러 왔다. 비록 그는 영어를 못하지만, 템포, 모멘트, 그리고 익살극 스타일이 그가 쓴 극을 제대로 나타내지 못했다는 점을 알았다. 게다가, 그는 극 중에서 자신의 이름이, 여성 등장인물이 어떤 중심적 역할도 맡는 것을 거절했을 것이라는 식으로 조롱거리로 언급되는 것을 들었다. 포는 이 극을 수차례, 때로는 밤새워 다시 고쳐 썼지만, 그의 극을 각색한 어떤 작품도 그 극에 통합되어 들어간 두 가지 대안적 결말 중 어느 것도 다루지 않았다. 마침내, 그는 등장인물들 중 몇 사람, 특히 작품의 후반부에서 광인 수사관이 입었던 위장복 중 하나인 대례복을 걸친 주교가 삭제되었다는 것을 알게 되었다(파렐, 1996: 48).

분장실에서, 걱정이 된 친구들은 그 극이 뮤직 홀 장치를 이용하는 영국 연극 전통에 따라 변형되었으며 포가 이탈리아의 코메디아 델라르떼에 어울리도록 사용했던 '정신'에 근접한다고 설명했다. 그 수정판은 영국에서 엄청난 성공을 누렸지만, 거기서 포의 극은 원본을 충실히 재연한 형태로는 보이지는 않았다. 『우연한 죽음』은 영국에서 수없이 다양한 대의명분들을 지지하고 각양각색의 부정행위들을 비난하기 위해 채택된 다목적 급진 저항극이 되었다. 간첩 앤소니 블런트Anthony Blunt를 풍자하고, 버밍햄 식스Birmingham Six[1975년 버밍햄 술집 폭탄 투척 사건으로 종신형을 선고받은 6명 – 역재]의 대우에 항의하고, 판사, 토리당원, 경찰 같은 특권층을 공격하기 위한 것이 되었다(파렐, 1996: 48).

위의 예들은 연극 텍스트가 새로운 사회들, 그들의 연극체계, 그리고 정치적 의제를 위해 개작되는 방법이 많다는 것을 말해준다. 연극은 동시에 수많은 사람들의 마음을 움직이는 공동의 예술 형식이고, 공연은 그들에게 즉시 영향을 주도록 계획되어 있다. 그래서 공연은 그것의 문학적 맥락보다는 연극적, 사회문화적 맥락과 훨씬 더 밀접하게 연관되어 있다. 하지만 문학체계와 연극체계 모두 특정한 철학과 똑같은 이데올로기적 관습에 의해서도 제약을 받는다. 낭만주의 운동에 의해 도입된, 번역에서 원본을 중히 여기는 견해에 영향을 받지 않은 초기 셰익스피어의 번역이 그렇다(슐츠, 1993: 62).

외국극의 선택은 순수한 것이 아니며 고립되어 이루어지는 것도 아니다. 도착사회의 화용론과 위의 예에서 보듯이 도착사회의 사회적 담론과 조화를 이룰 수 있을 것으로 보이는 극만이 선택된다. 번역은 고립된 상태에서 수행되는 것이 아니고, 연극번역은 더 그렇다. 각색을 번역전략으로 선택하는 것은 원천문화의 담화와 도착체계에서 그것에 대해 기대되는 담화 간의 양립성이 수용자가 설정한 조건 위에서 구축된다는 점을 분명히 말해준다. 도착체계에 기여하는 텍스트가 주로 선택된다. 따라서 외국 텍스트는 강조되지 않고 각색은 도착체계와 도착사회의 이익을 위해 이루어진다. 외국 텍스트는 심지어 도착체계 내에서 쓰인 새로운 창작물이 될 정도로 조정될 필요가 있는 것으로 보인다.

그 체계를 강하거나 약한 것으로 정형화하는 것은 극히 제한된 몇 몇 사회적, 역사적 상황을 제외하고는 결정적이지 않은 것 같다. 그 대신, 외국의 원천 텍스트를 통한 타자성에 대한 반응은 원천 텍스트와 그것이 재현하는 것에 대한 관점에 따라 좌우되는 듯하다.

연극 텍스트가 어떻게 번역되고 공연용으로 사용되는가를 보면 타자성에 대한 태도를 알 수 있다. 그것은 위계적인 문화관 및 위계적으로 정리된 체계에 대한 도전일 수 있다. 각색은 외국 기원의 텍스트를 경시함으로써 개인이 통제할 수 없는 고정된 모델에 도전하는 정도가 각기 다르다는 것을 보여준다. 각색은 그 연극체계에 공공연하게 도전하는 것이 아니라 암묵적이면서 또 그런 식의 상호작용에 대한 사회적 통제의 범위 내에서 이미 확립된 연극 관행을 교묘히 피하는 방법을 제공한다.

연극에서, 텍스트의 담화와 연극적, 사회적 체계의 담화 간의 양립성을 확립하기 위해 그것들의 주제와 의미는 끊임없이 연구된다. 게다가, 외국 텍스트는 특정 공연을 위해서 각색될 뿐만 아니라, 국내 작품은 공연 때마다 변화를 겪어야 할 것 같다. 연극번역은 연극을 위한 모든 작품처럼 텍스트를 시간적으로나 공간적으로 다양한 맥락에 맞추는 각색법의 연장이다.

앞 절에서 다양한 심미적, 사회·역사적 관습들과 개인 언어들을 여과하는 장치의 역할을 하는 번역자의 공헌에 대해 간략히 언급했다. 극작가는 자신의 노동을 투자하며 사회경제적으로 특정 위치를 차지하는 권한을 부여받은 반면 번역자는 다락방에 갇혀 복제의 과업을 떠맡아왔다.

4.

다락방의 번역자

"저자란 무엇인가?"라고 푸코(1977: 113)는 묻고 나서, 베케트를 인용하여 푸코 자신이 현대 문학 비평과 철학에서 근본적인 윤리 원리들 중 하나라고 꼽는 대목으로 대답한다. 한 인물이, "중요한 것은 누가 말하는가이다"라고 말한 뒤, "누가 말하는가가 뭐가 중요한가?"라고 되묻는다.

연극번역에서는 누가 저자로 인식되며, 누가 말하는가가 왜 중요한가? 현대의 서양 연극에서 텍스트 쓰기와 다시쓰기는 텍스트를 무대에 올리는 창작에 다 같이 기여하는 다양한 수의 저자들과 관련되어 있다. 외국 작가가 있고, 둘 혹은 셋의 번역자가 있을 것이고, 텍스트를 무대에 맞게 준비하는 드라마투르기도 있을 것이며, 때로는 심지어 리허설 도중에 텍스트의 일부를 다시쓰기 하는 무대-연출가도 있을 수 있다. 또한 배우들, 의상 디자이너와 조명 디자이너, 무대 디자이너, 홍보담당자 등 다른 사람들도 있는데, 이들 모두는 자신들의 텍스트를 쓰며 따라서 거론될 만하다.

이처럼 연극의 저자들 혹은 발화자들의 수는 외국 텍스트가 상연되기 위해 번역될 때 수없이 많지만, 그들 모두가 법적으로 저자로 인정받고 동등하게 대우받는 것은 아니다. 불평등은 아마도 극작가와 번역자 사이에서 가장 심할 것이다. 물론 어떤 문제들은 번역자에서 그치지 않고 드라마투르기나 연출가에게까지 확장된다.

저자는 별종처럼 비춰지며, 또한 특정한 사회적 지위와 더 나은 경제적인 보상이라는 양면에서 그들의 노고에 대해 인정받는다. 반면 번역자는 필요하다면 그들의 권리를 한꺼번에 포기할 것으로 기대될 수 있다. 이런 면에서, 드라마투르기는 번역자보다 더 나쁜 상황인데, 대개 번역 과정에 대한 그들의 기여는 전적으로 무시되기 때문이다. 저자성은 노동의 투자에 대한 인정을 의미하기 때문에 문제가 된다.[1] 법률상으로는 오직 저자와 번역자의 권리만이 인정된다. 물론 번역자의 권리는 저자의 권리에 종속된다.

번역 작업은 본질적으로 원천 텍스트의 복제와 관련된 것으로 비춰지며, 그러기에 원본보다 더 적은 노동을 요구하는 것으로 여겨진다. 그러나 만일 번역 작업이 포괄적인 변화와 매체의 변화 모두를 포함한다면, 각색의 필요성은 인정받는다. 예를 들어, 소설의 희곡각색물이나 영화각색물은 해당 소설의 플롯, 인물설정, 대화에서 광범위하게 벗어날 수 있지만, 번역물은 수정이나 삭제 없이 이러한 형식적 요소들을 모방할 것

---

1) 말하자면 경제적 보상을 의미한다. 이 문제는 베누티(1998: 54-55)가 설명한 로크의 저작권 개념과 관련된다.

이라 기대된다(베누티, 1995b: 15). 극번역은 심지어 그것이 포괄적 변화를 포함하지 않더라도, 전형적으로 외국 텍스트의 각색 형식을 취한다. 그러므로 "문자적 충실성"은 규칙이 아니며, 만일 그대로 복제하기로 결정을 했다하더라도 극번역자의 작업은 극작가의 작업과 별반 다르지 않을 것이다. 연극에서는, 문학체계 내에서보다 더욱 분명하게, 번역자가 그/그녀 자신의 문화, 연극, 사회 내부로부터 텍스트를 쓰는 작가인 것이다. 극번역은 그 자체의 관습들을 따르는데, 그것은 원천 텍스의 관습도 아니고 수용 문화체계의 관습도 아니다. 그런 까닭에, 극번역에서 원천 텍스트와 번역의 관계는 동시대에 속한 문학체계 내에서 그 둘 사이의 관계와는 상당히 다를 것이다. 그럼에도 불구하고 극번역자들은 저자들과 비슷한 강도의 노동을 하면서도 일반적으로 완전한 저자로서 대접받지 못한다.

그러면 저자에게는 무엇이 요구되며, 언제 저자의 자격을 얻게 되는가? 이 질문은 반복적으로 논쟁되어 왔으며, 저자들의 공공연한 진술들뿐만 아니라 그들의 실천 속에서 우러나온 암묵적인 주장들에서 그 근거가 수집되어 왔다(네스빗, 1995: 248). 극번역에서 저자성에 대한 물음은 최근에 번역자들이 그들의 작업에 대해 말한 진술을 통해 접근되어 왔다(예, 존스턴, 1996; 알토넨, 1998).

저자성의 개념을 분석하는 또 다른 방법은 저작권법이 저자와 그/그녀의 작품에 대해 지녀왔고 여전히 지니고 있는 관점을 연구하는 것이다. 비록 저작권법은 부분적으로 인쇄 기술 발달의 산물이지만 문학체계 내의 관습들을 반영하는 그 규칙은 연극으로 확장된 것이다. 연극에서는 구두성이 중심 요소이며 상연물이 그 상연 시간과 장소에 밀접하게 관련되는 데도 말이다. 이 장의 목표는 극의 실행에서 외국 저자와 번역자의 노동 투여와의 역할이 너무 비슷하기 때문에 양자에 대한 법적으로 다른 대우가 문학체계에서의 차별보다 더욱 더 부당하다는 것을 보여주는 것이다.

저작권법에 대한 담론은 텍스트 평가의 토대로 사용되는 위계를 구성한다는 점에서 전형적으로 남성적이다.2) 또한 그것이 광범위한 다른 영향들로 인해 촉발되었고 따라서 문학적 정신분석학의 가부장적 모델에서 전형적으로 보이는 불안을 반영한다는 점에서도 남성적이다(길버트 & 구바, 1995: 155-156). 이 장의 의도는 연극에서의 저자성을 문제 삼는 것이고, 연극 실행에서 저작권법의 의미를 들여다보는 것이다. 그 법이 연극 바깥에서 텍스트 - 생성을 통제하고 그리하여 연극에 고정된 제도적 모델을 강제하기 때문에, 극 실천 내에서 저작권법의 효력에 대항하는 방법들이 모색되어 왔다. 결국 이 장에서는 문화간 연극에서 극번역자들을 저자로서 인정할 가능성을 엿보게 될 것이다.

"누가 말하고 있는가? 그리고 왜 그/녀는 그렇게 말하는가?"

제목에 나온 니체적 특징을 가진 이 의문문(버크, 1995: xxx를 보라)은 저자성의 윤리에 대한 의문을 표시하지만, 이와 동시에 또한 개인주의에 대한 강박으로 특징 지워지는 서양식 사고방식을 상징적으로 보여준다. 서양에서 개인은 공동체와 집단적 노고를 희생한 대가로 각광받고 있다. 이념들은 역사적 공백 속에서 생산되는 것처럼 보이며, "어떻게 하나의 시가 다른 시의 형성에 도움이 되는지에 대해 우리가 수용한 설명을 탈-이념화하는 것"(블룸, 1995: 131)이 중요해 보인다. 창작자의 개성을 반영하는 독창성은 문화체계 내에서 핵심적 존중의 기반이다. 바로 이런 문

---

2) 남성적 담화로서의 위계질서들에 대해서는, 데보라 태넌 1993: 38 등을 참조하라.

화체계 내에서 저자성은 법률 용어로, 그리고 가장 주요하게는 경제적 용어로 표현될 수 있는 일종의 자산이 되었다. 타인들에게 빚짐은 작품의 가치를 저하할 수 있는 흠처럼 보이고 그럴 때 그 작품은 다른 사람의 독창성을 베낀 것으로 간주된다. 공동의 사유는 우리의 창조성 관점에서는 설 자리가 없다.

이러한 개인적 성취의 관점은 모든 문화에서 만장일치로 받아들여지는 것도 아니고, 항상 서양에서 지배적인 이데올로기였던 것도 아니다. 예를 들어, 전통적인 아프리카 문학은 공동체와 그 가치를 강조하는데, 여기서 문학은 익명적이어서 개인, 즉 저자의 이름이 아니라 공동체(혹은 부족)의 이름으로 분류되어야 하며, 저자의 이름은 알려지지 않는다. 그 결과, 서양의 기준으로 볼 때, 전통적인 아프리카 문학은 "익명적이다" (르페브르 1992: 27).

서양에서 원래 담화는 소유물이 아니었다. 푸코(1977: 124-131)에 의하면, 말과 책은 저자의 담화가 위법적이라고 간주되어 그들이 처벌에 처해질 때에만 '진짜' 저자가 누군지 지명되었다. 물론 저자성은 자산 가치의 순환체계로 통합되기 오래 전부터 위험을 수반한 것이었지만 말이다. 모든 텍스트가 항상 저자를 요구하는 것은 아니다. 저자들은 저작권이 도입되기 전부터 그들의 텍스트를 소유하고 있었을 수도 있지만, 중세만 해도 그들은 단지 원고들, 그들이 손수 만들거나 혹은 만들도록 지시받은 물리적 물건들만을 소유했다. 저자의 주장은 그 원고의 전달과 동시에 사라진다. 어떤 극본이 극작가의 손을 떠나면, 그것은 그 저자가 배우들에게 함께 팔아버린 외투만큼이나 더 이상 그의 소유물이 아니다. 극단은 일단 극본을 구입하고 나면 망토와 마찬가지로 자기들 필요에 따라, 저자와 상의 없이 전체적으로 줄이거나 늘리거나 윤색하거나 할 것이다(로즈, 재인용, 벤틀리 1993: 18). 한때 '문학' 텍스트들이 저자의 정체를 묻지 않고서 수용되고, 순환하고, 가치가 매겨진 반면, 과학 텍스트들은 저자의 이름이 표기되어 있어야만 진짜인 것으로 간주되던 때가 있었다. 17세기와 18세기에, 완전히 새로운 개념이 발달했는데, 과학 텍스트들이 그 자체의 우수성으로 인정받고 그 진정성이 더 이상 그것을 생산한 개인에 대한 표시를 요구하지 않게 된 것이다. 그와 같은 시기에, 문학적 담론은 오직 저자의 이름을 표기할 때만 수용하게 되었다.

오늘날조차 한 저자의 이름은 하나의 변수로서 다른 텍스트들은 제외되고 오직 특정 텍스트에만 따라붙는다. 푸코에 의하면(1995: 235), 사적인 편지에는 서명자가 있지만 그는 일반적으로 저자로 간주되지 않는다. 또 계약서에는 보증인이 있지만 저자가 아니며, 이와 비슷하게 벽에 붙은 익명의 벽보에도 그것을 쓴 사람이 있을 것이지만 글쓴이는 저자가 되지 못한다. 이런 의미에서, 저자의 기능은 한 사회 내에서의 어떤 특정한 담화들의 존재, 순환, 작동을 특징짓는 것이다.

현대의 문학 이론에서, 개인적인 성취에 대한 강박은 선배들의 영향을 자기 자신의 작품의 가치를 갉아먹는 위협으로 보는 가부장적 담론에서 전형으로 드러난다. 산드라 M. 길버트와 수잔 구바(1995: 157)는 여성 작가들이 '영향의 불안'anxiety of influence[3]을 남성 작가들과 똑같은 방식으로 경험하지 않는다고 주장한다. 여성들은 거의 전적으로 남성들인, 따라서 자신들과 상당히 다른 선배들과 맞서야 한다는 단순한 이유에서다.

그러므로 저자성에 대한 질문은 작업의 특성상 다른 사람의 작품에 빚짐을 피할 수 없는 번역과 같은 영역에서 매우 중요한 함의를 갖는다.

---

3) "영향의 불안"이란 개념은 해롤드 블룸Harold Bloom의 『영향의 불안』에 의해 문학 비평에 도입되었다(New York: Oxford University Press, 1973).

항상 번역은 외국 극작가와 번역자 사이의 공동 모험이지만, 이러한 텍
스트의 창조 작업에 참여한 두 작가들이 동등하게 참여하고 있는 것으로
비쳐지지 않는다. 오직 한 사람만이 작가로 간주되고, 작가에 대한 번역
자의 빚짐으로 인해 그/녀가 투여하는 노동은 가치가 덜한 것처럼 보인
다. 영향의 불안은 번역자들을 저자성에서 배제시키며 또한 그들을 더
원초적인 '저자성의 불안'anxiety of authorship 속에 가둔다. '저자성의 불안은
그들이 창조를 할 수 없다는, 즉 그들이 결코 선배가 될 수 없기 때문에
글쓰기의 행위가 그들을 고립시키거나 망가뜨릴 것이라는 근본적인 두
려움이다(길버트 & 구바, 1995: 157).4)

낭만적인 저자성의 개념은 우리가 번역을 바라보는 방식에 편재한
것으로, 외국인 작가만이 그 작품에서 개인적인 생각과 감정들을 표현하
는 진정한 창조자가 될 수 있으며, 번역자는 그런 권리가 없다는 주장을
유지한다. 외국 작가의 작품은 독창적이고 투명한 자기-재현으로 보이고,
번역은 결코 다른 누군가의 자기-표현을 모방한 것 이상이 될 수 없다.
오직 그 외국 텍스트만이 독창적이고 진정성이 있을 수 있으며, 오직 그
것만이 저자의 심리 혹은 의도를 표현할 수 있다. 번역은 항상 모방적이
거나 잠재적으로 오염된 것이거나 가짜인 것이다(베누티, 1995b: 4; 베누
티, 1998: 50-54 참조).

앞의 장들에서 나온 사례들이 보여주듯이, 연극에서의 독창성은 문
학체계의 담론들에서보다 더 유동적인 개념이다. 연극 텍스트는 항상 다
른 연극 텍스트에 접목되어 왔으며, 독창성이란 오히려 텍스트들이 시대
의 다른 지점에 있는 다른 사회들에서 발생하는 문제들에 목소리를 부여

---

4) 길버트와 구바는 여기서 여성 시인에 초점을 맞추지만 정확히 이것은 번역자의 입장
   도 설명해준다.

할 수 있는 방식에 있다.

저자성과 저작권

"누가 말하고 있는가?" 이 질문에 대해 현재의 저작권법이 제시하는 대답은 직선적이다. 오로지 저자만이 말할 권리를 가지고 있으며 그들이 자신들의 말에 대한 전권을 가진다는 것이다. 그 말들은 그들의 자산이다. 사실, 저작권법은 만일 저자가 누구인지 정의내리지 못한다면 존재할 수 없을 것이다, 정말이지 존재하지 않을 것이다. 저자는 소유자이며 저작권법의 존재는 텍스트가 어떻게, 어떤 환경 속에서 자산이 되는지, 누구의 자산이 되는지 결정내릴 수 있음에 의존한다. 바로 이러한 경제적 조건이 저자에게 최우선의 지위를 규정하며, 저자성에 대한 담론의 순환과 작동은 모두 여전히 시장경제 안에서 발생한다(네스빗, 1995: 217). 서양에서 저자성은 시장성이 있는 상품이다.

저작권은 근대의 형성물이며, 대량의 텍스트 복사본을 빠르고 값싸게 만들어내는 인쇄기술의 발달 결과로 다른 것들과 함께 발달했다. 이 법은 우리의 경제체계 내에 깊이 뿌리박고 있다. 이것은 소유권과 관련되지만 누가 무엇을 소유하느냐는 질문은 사회에 따라 시대에 따라 많은 다른 해석을 낳아왔다. 저작권에 대한 법의 역사는 소유자뿐만 아니라 자산을 정의하려고 하는 중에 계속해서 어려움을 겪는 파란만장한 이야기이다.

저작권법의 대상이 중세에서처럼 실제의 원고였고 그 원고의 소유자가 그것을 복사하는 것을 허가할 권리를 가진 것으로 보였을 때는 재산권은 원저자와 관련이 없었고 복사는 단순한 행위로 간주되었다. 16세기 유럽에서 원저자에 대한 관심이 저작권의 문제 중 하나가 되고, 그 법이 저자나 그의(실제로 그것은 항상 '그' 였다) 상속자의 동의를 문서로 증명하지 않으면 어떤 책도 인쇄되거나 팔릴 수 없다고 요구했을 때조차도, 베끼기는 여전히 복잡하지 않은 의미에서 '원본'의 사본들을 만드는 것으로 이해되었다(로즈, 1993: 9, 20-21).

최초의 복잡성이 나타난 것은 18세기 영국에서 번역이 저작권법의 주제가 되면서였다. 한 법정에서 맥클리필드Macclesfield 대법관이 번역물은 새로운 작업으로 간주될 수도 있다고 판결했다. 점차로 19세기경에 저작권법의 방점은 추상적인 작품으로 옮겨갔는데, 이는 텍스트의 문자적 언어에 한정되는 것이 아니라 "한 문학적 구성물의 정수이자 가치"에 해당하는 것으로 이해되게 되었다(로즈, 1993: 133). 이 시점에 저작권법은 결국 그것이 씹을 수 있는 것보다 더 많은 것을 물어뜯었다.

번역 작업은 저작권법에 새로운 요구사항을 부여했고, 예상할 수 있다시피, 재산으로서의 담화는 국제적인 차원에서도 보호가 필요한 것으로 보여져왔다. 하지만, 저작권법이 보호하려는 것이 무엇인가 하는 모호함은 여기서 더욱 두드러지게 되었다. 베른 조약Berne Convention(1886)은 보호의 대상을 매우 조정의 여지가 많은 방식으로 규정하지만, 그럼에도 저자들에게 그들의 작품에 대해 주요한 10가지 권리를 부여한다. 저자들은 도덕적 권리(6조), 재생산권(9조), 번역권(8조), 방송 및 공적 소통 권리(11조), 공적 재인용권(11조), 각색권(12조), 녹음권(13조), 영상권(14조), 대중공연권(11조), 이익추구권(14조)을 가진다. 게다가, 저자들이 항상 작품에 대한 저자성을 주장할 수 있고, 어떤 왜곡이나 손상, 수정 혹은 그들의 명예나 명성에 침해를 줄 말한 어떤 다른 작품의 훼손 행위에 반대할 권리를 지닌다. 이것은 그런대로 간단해 보이지만 보호의 대상에 대한 규정들에서 복잡해진다.

모든 국제적인 조약들과 마찬가지로 베른 조약은, 예컨대 저자의 권리를 보호할 것인지 작품의 권리를 보호할 것인지에 대해 동의할 필요가 없는 저자와 회원국들에 상당한 자유를 남겨두어야 했다. 그들의 작품 보호에 관한 국내 저작권법들의 서로 다른 접근법은 보호 대상에 대해 서로 다른 철학적 관점들을 가지고 있음을 의미한다. 아일랜드와 영국의 관습법들은 저자보다는 작품을 보호하며 그 작품들에 대한 권한을 저자가 아니라 저작권 소유자에게 부여한다. 그러므로 이 법들은 거의 무한한 영역의 작품들을 보호하는 것으로 확장된다. 하지만 또한 만일 그런 제한이 사회의 이익을 위해 가치가 있다고 판단될 경우에는 이 법은 저작권 소유자의 권리를 훨씬 더 실용적으로 제한할 수 있는 기반을 마련했다. 저자의 권리를 보호하는 벨기에, 덴마크, 프랑스, 독일, 그리스 이탈리아, 룩셈부르크, 네덜란드, 스페인 같은 나라들은 어떤 성격의 작품이든지 간에 그것의 보호권을 확장하는 데 더 신중하다. 공공연히 혹은 암묵적으로, 이 나라들은 보통 물리적인 의미에서 한 사람으로 간주되는 원저자의 작품을 합당하게 보호해야 한다고 여긴다. 왜냐하면 물질적인 면에서 저자의 권리란 철학적으로 일종의 인간의 권리로 간주되기 때문이다. 이러한 회원국들은 똑같이 작품에 대한 저자들의 권리를 제한하는 것에 조심스럽다. 그 제한으로 인해 사회가 어떤 이익을 받게 될지라도 말이다(유럽연합 집행위원회, 1992: 25-26). 이러한 두 가지 접근법은 사실 그다지 서로 거리가 먼 것이 아니며, 두 보호 철학 모두 주요하게는 20세기 후기 자본주의의 필요에 맞추기 위해 수정되어왔다.

저작권법은 어떤 물질적 형태에 새겨져 있는 것이 아니라 오히려 비물질적인, 일종 신적인 개별성의 존재성인 저자성의 개념을 보호하는 데, 그것은 한 문화에 국한되는 특수성이 부족하고 다양한 형태들과 매

체들에 스며들어 있는 개별적 존재성이다(베누티, 1995b: 5). 이에 애매성
이 뒤따를 수밖에 없는데, 그 한 예가 (베른 연합의 회원국들과 같은 아
주 폐쇄된 지역적 구성체 안에서) 어떤 특징이 한 작품을 '문학적'인 것과
'예술적'인 것으로 만드는지, 그래서 저작권법의 사법권 내로 위치 짓는
지에 대한 다양한 정의들에서 잘 나타난다.

프랑스에서 문학적 자산과 예술적 자산을 규정하는 기본법(1957년
통과)은 종류나 표현 형식, 장점이나 목적에 상관없이 모든 지적 작품의
저자들의 권리를 보호한다고 제시한다. 그리고 문학 작품에서 저자의 권
리는 오직 표현 형식으로만 확장되지 아이디어까지는 확장되지 않는다.
법률에서는 특정하게 아이디어에 대한 보호를 배제하지는 않지만, 법원
에서 그들이 해야 하는 것보다 더 보호권을 확대해석하면 입법가들의 의
도를 배반한 것으로 간주된다. 누군가의 아이디어가 자유롭게 교류되는
것에 제약은 없으며 그래서 법률에 의해 보호받는 것은 그 속에 담긴 아
이디어와 상관없이 이런 아이디어의 표현 형식이다. 하지만 아이디어를
그 형식과 분리하는 것은 단순하지 않은 문제이며, 어떤 판례들은 그런
기반이 흔들리는 것처럼 보이는 판결을 내리곤 했다. 예를 들어, 한 소설
가는 한 고고학자가 조사하여 학술지에 개진했던 가설에 따라 자신의 플
롯을 구성했다고 해서 유죄판결을 받았다(유럽연합 집행위원회, 1992:
30-34).

벨기에에서도 아이디어는 보호받지 못한다. 보호를 받기 위해서는
한 문학 작품이 어떤 특유한 형식으로 표현되거나 독창적이어야 한다.
독창성의 요건은 특허법에서 요구되는 새로움보다 덜 엄중하며, 한 작품
은 전체적으로 참신하지 않다 하더라도 독창적일 수 있다. 벨기에 법에
서 규정하는 다른 보호 요건은 한 작품이 어떤 특유한 형식 속에 존재해

야 한다는 것이다. 하지만 작품의 형식은 상대적으로 중요하지 않고, 작품 혹은 그것의 초안은 형식적으로 고정되어야 하는 것은 아니다. 인터뷰나 설교, 학회발표 같은 구두로 하는 작품들도 마찬가지로 보호된다. 발화자의 말은 그들이 선택한 질서와 그들이 구성한 말을 전달하는 질서를 따르기 때문이다(유럽연합 집행위원회, 1992: 39-41).

이탈리아의 법은 창조적인 성격을 지닌 작품의 보호를 규정하고 있다. 1946년 대심원은 어떤 창조적인 성격을 가지려면 작품은 "창조적 작품의 유기적 독창성을 가져야 한다. 다시 말해 독창성은 그 작품의 각 요소들에 의해 주어진 것이 아니라 그 요소들의 선택, 그 위치의 가치, 그 조화성에 의해, 즉 사실상 그 요소들의 구성에 의해 주어진다"고 판결했다(유럽연합 집행위원회, 1992: 43-45).

영국의 1988년 저작권 및 디자인, 특허법과 아일랜드의 1963년 저작권법은 문학작품을 아주 광범위하게 정의한다. 그 법들은 전통적인 관습법적 사법권의 접근 방식을 반영하는 것으로 저자의 그들 작품에 대한 권리보다 작품 소유자의 권리를 보호한다. 이 법들의 정의에는 문학과 예술뿐만 아니라 유사-문학 작품들의 사적이고 지적인 창작물인 작품들도 포함된다. 영국법에서 문학 작품의 정의는 거의 무한하다. 여기에는 법률 보고서, 축구 경기 목록, 철도 시간표까지 포함된다(유럽연합 집행위원회, 1992: 56-57).

위의 정의들은 외국 극작가와 번역자의 노고에 대한 평가와 비교와 관련된 어려움들을 보여준다. 낡은 형식/내용의 이분법뿐만 아니라 저자성의 특징을 기술하는 '독창적인', '창조적인', '개인적인', '지적인' 같은 속성들의 개념적인 모호함은 다른 어떤 견고한 이론적 유형의 척도나 텍스트 창조에서의 노고의 양보다는 저자에 대한 낭만적인 관점에 더 많이 의존하고 있다. 번역을 다른 사람의 독창적인 작업의 복제로 보는 전통적인 관점과 결합된 이 관점은 자동적으로 번역자가 거래에서 더 나쁜 대우를 받게 한다.

원본과 번역 사이의 엄격한 경계에 대한, 원본의 동일성이나 혹은 완결성에 대한 가장 미미한 도전일지라도 저작권법의 토대를 파괴하게 될 것이다(데리다, 1985a: 196). 저작권법은 형식과 내용의 구분에 의존하며, 이 구분에 의거해서 원본과 번역본 사이의 차이를 설명하려는 의도를 가지고 있다. 형식/내용, 기표/기의의 양극성은, 텍스트는 번역을 하더라도 변하지 않는 핵심을 가지고 있지만 형식/표현은 각각의 새로운 언어에 따라 변한다는 가정에 기대고 있다. 오직 형식만이 다른 누군가의 재산이 될 수 있고 아이디어, 주제, 내용은 그럴 수 없다. 이것들은 공통적이고 보편적인 재산인 것이다. 저작권법은 원전과 번역본 사이에 구분이 존재한다고 주장한다. 그리고 번역본의 독창성은 표현(형식)의 독창성에 있다고 주장한다. 표현은 내용에 반대되며, 내용을 건드리지 않아야 할 번역은 오직 표현으로서의 자기 언어 내에서만 독창적일 수 있다. 그렇지만, 표현은 또한 원본의 구성과는 다른 것이다. 비록 일반적으로 구성을 형식의 편에 위치시키긴 하지만 말이다. 표현의 형식은 단지 언어적 표현의 형식, 즉 언어에서 단어의 선택일 뿐 다른 어떤 것도 아닌 것이다(데리다, 1985a: 197).

저작권법은 손댈 수 없는 것의 존재를 전제한다. 이것은 번역자가 해당 텍스트에서 소통될 수 있는 의미를 뽑아내어 전달될 수 있는 것을 전달한 뒤에 남아있는 것이다. 이 법은 또한 번역물의 번역은 있을 수 없다. 즉 오직 원본만이 번역될 수 있다는 것을 의미하기도 한다. 만일 번역물을 번역할 수 있다면 이는 원본이 사실상 원본으로 남아있을 수 있도록 보장하는 원본의 손댈 수 없는 것의 그 손댈 수 없음을 손대는 것일 터이다. 만일 손댈 수 없는 것이 존재하지 않거나 혹은 그것이 발견될 수 없는 상태일 뿐이라면, 원본과 번역본의 구분은 붕괴될 것이다(데리다 1985a: 195-196).

이 손댈 수 없는 것, 전달될 수 있는 것과 번역될 수 없는 것의 교차로에 있는 이것이 바로 의미와 문자가 더 이상 분리되지 않는 순수 언어일 것이다.[5] 오직 번역만이 그 핵심 언어 혹은 순수 언어를 드러내고 자라게 할 것이다. 번역 덕분에, 즉 한 언어가 다른 언어에게 그것에 없는 것을 조화롭게 부여할 수 있는 번역의 언어적 보완성 덕분에, 이러한 언어의 가로지르기는 언어의 성장을 보장한다. 번역은 원본 성장의 한 순간이며, 원본은 스스로를 확장시키는 중에 스스로를 완성하게 될 것이다(데리다, 1985b: 202).

번역 속의 원본은 아이처럼, 자기 힘으로 자라지만, 아이를 재생산의 법칙에 종속된 다른 산물들과는 다르게 만드는, 스스로에 대해 말하는 힘을 가지고 있다(데리다, 1985a: 191). 아이는 아버지나 어머니가 그를 향해 혹은 그를 위해 대기하고 있는 그런 존재일 뿐만이 아니라, 부모의 도움 없이, 혼자 말하기 시작하고 계속해서 말하는 또 다른 존재이기도 하다. 심지어, 아이의 대답은 모두 부모의 환상 속에서 일어나는 것이다(데리다, 1985b: 157).

---

5) 번역의 신화에 대한 페미니스트의 대안을 찾던 중에 카린 리타우Karin Littausms 바벨탑 신화가 어떤 원시 언어에 대한 믿음을 가지고 있다고 비판해 왔다. 사람들이 오직 하나의 언어, 전(前)-바벨적인 "아담의 언어"를 말했기 때문에 서로서로를 이해하였던 은총의 상태에 대한 믿음을 말이다. 번역에 대한 탈-바벨적인 담론들은 번역은 대체로 부정적인 연상들을 일으키는 용어들로 기술하는 경향과, 원본과 번역본을 구분하는 게 불필요했던 신화적 시대에 대한 향수를 드러내는 경향이 있다(플로토Flotow, 1997: 45-46).

그러므로 번역은 또한 하나의 원본이다. 저작권법은 이를 수긍하지 않고 '원본'과 그것의 복제품 사이에 선을 그으려고 한다. 저작권법은 영역들, 일반적인 것으로부터 사적인 것의 분리와 관련된다. 만일 개인들이 끊임없이 그들의 '소유'가 공동체의 소유와 분리된 것으로 정의하려고 시도한다면 저작권법은 이 점에서 도움을 제공한다.

연극에서 저작권법은 소유자로서의 저자들과 번역자들이 점유하도록 허가받은 영역을 정의하고 그들에게 자신들의 텍스트에 대한 '도덕적 권리'를 부여함으로써 소유를 보장한다. 예를 들어, 양쪽은 '그들 작품의 완결성이 보존될 것을 보장받을' 권리가 있다. 작품의 완결성－복제에서 획득해야 할 어떤 손댈 수 없는 핵심 혹은 최소한의 동일함이라는 면에서 보여지는－은 참 모호한 개념이어서, 문자와 구두로 이루어진 텍스트가 점차 문자 모드에서 구두 모드로 변화해 갈 때 그것은 전적으로 그때그때의 필요에 의해서가 아니면 정의될 수 없다. 이에 대한 어떤 탄탄한 이론적 기반도 없으며, 연극에서 구두성은 아주 높은 지위를 차지하기 때문에 텍스트의 완결성은 한발 양보하여 '무대의 필수조건'이나 연기성 혹은 발화성 같은 것들로 보충된다. 구두 텍스트는 문자 텍스트보다 더욱 더 쉽게, 통제할 수 없을 정도로 확장되고 줄어들고 모양을 바꿀 수 있다. 저작권법의 힘은 바람에 나부끼는 문자 텍스트와 함께 약화되며 소유자들의 대해 보장되는 보호 역시 마찬가지다.

살아있는 유기체 같은 연극체계는 그것이 변화시킬 수 없는 맥락들에 적응할 수 있기 때문에 그들의 반란을 연극 실행에 충분한 여지를 줄 틈새를 찾는 전술적인 모색으로 바꾸어 왔다. 연극체계들은 저작권법의 엄격한 규칙들에 맞추어가는 방법을 그들의 체계-특수적인 관습들을 지닌 전형적 텍스트 생산을 옹호함으로써 발견해왔다. 번역자의 문화간 연

극에 대한 기여도가 극작가만큼이나 중요하다는 사실을 인정하는 데 그
들 모두가 똑같이 영리하지는 못했다.

완결성과 '위장부업'

저작권법은 연극의 번역 실천에 양분을 제공하기에는 제대로 된 장비를
갖추지 있지 못하다. 그것의 강제규정들은 인쇄된 문헌들보다 구두 텍스
트를 감시하기에 훨씬 더 큰 어려움이 있다. 극번역자들은 상연을 위해
외국의 원천 텍스트를 다시쓰기 하는 방식에서 문학체계 내의 번역자들
보다 항상 더 많은 선택을 해야 한다. 이런 이유로 저작권법에서 꽤 중심
적인 텍스트 완결성의 정의 또한 연극에서 더 유동적인 해석의 여지를
제공해왔다. 내가 위장부업으로 생각하는 이러한 유연성, 혹은 '위로부터
우리에게 부과된 틀을 사용하여 우리 자신의 목적에 맞게 이용하기'는
하나의 번역전략을 수용하는 결과를 가져왔다. 이를 통해 다른 분야에서
는 반드시 수용할 필요가 없었고, 수용되지는 않았던 간텍스트성이 우연
찮게도 연극번역자를 문화간 연극에서 동등한 파트너로 간주하게끔 만
들었던 것이다.

저작권이 본질적으로 경제적인 명제이긴 하지만, 텍스트가 수용 사
회의 화용론에 맞게 다시쓰기 될 수 있는 방식을 강제하는 효과를 내기
도 한다. 그러나 연극체계는 그 법의 제한조치들을 다루는 방식들을 발
전시켜 왔는데, 일반적으로 극작가와의 협력에 기대거나 아니면 이 문제
에 대한 그들의 관심 부족에 기댄다. 어떤 경우는 업무의 경제성에 따라
더 이상 저작권이 미치지 않는 텍스트를 선택하는 쪽으로 나아가기도 한
다.

예를 들어, 1995년 핀란드의 여름연극제는 셰익스피어로 가득 채워

졌다. 그 극들이 그 시즌에 맞는지에 대한 문제와는 별개로—사랑, 에로
티즘, 유머, 모험 등과 같은 풍부한 요소들이 어떤 점에서 여름과 잘 어
울리리라 믿지만—그 극들이 받은 인기는 그 극작가가 오래전에 죽었다
는 사실에도 어느 정도 빚지고 있을 것이다. 죽은 작가는 여러 이유에서
여분의 이익을 줄 것이다. 주로 작가에게 돌아가는 입장료의 12%에 해당
하는 금액을 극장이 가질 수 있을 뿐만 아니라, 죽은 작가는 자기의 극
해석을 검열할 수도 없기 때문이다. 또한 죽은 '외국' 작가의 작품은 아마
자국의 동료의 작품만큼 손댈 수 없는 것도 아닐 것이다.

살아있는 작가들이나 그들의 상속권은 그들의 작품에 대한 무조건
적인 저작권을 누리며, 원칙적으로 그들은 번역자들이 원천 텍스트의 코
드와 수용 사회의 화용론 사이에서 균형을 찾는 방식을 결정할 수 있다.
저작권법은 그들의 텍스트가 심지어 자기 시대를 넘어서까지 외국의 무
대에서 사용되는 방식을 규정할 힘을 부여한다. 아더 밀러, 해롤드 핀터,
에드워드 올비도 그들이 부정확하다고 생각되는 극의 어떤 상연을 중단
시켰다고 한다. 핀터는 그의 극 일부가 핀란드어로 새롭게 번역되는 것
을 막았다(헬싱킨, 사노마트 1996/7/25). 브레히트의 상속권은 극에 변화
를 좀 주려는 사람들에게 다루기가 까다로운 것으로 유명하다(존스턴,
1996a: 139).

그런데 한편에는 저자와 번역자의 권리가 있고, 다른 한편에는 연극
체계의 규제와 기대치가 있다. 수용 사회의 화용론에 맞춰야 하는 필요
는 너무 절실해서 극은 거의 예외 없이 매 공연마다 어느 정도 각색된다.
그래서 저작권법이 텍스트의 완결성을 보호하는 것이 목적이라면, 저자
나 번역자의 관심사는 그 보호권을 유연하게 해석하는 것일 터이다. 저
자와 번역자가 그들의 작품이 공연에서 수용되게 하는 것은 중요한 일이

다. 비록 이와 동시에 그들이 다른 누군가가 그 공연에 끌어들인 어떤 것으로 인해 비난받기를 원하지 않는다하더라도 말이다. 저자들이 수정에 동의한다는 사실은 자신의 작품을 가꾸며 그것에 지속적으로 관심을 가진다는 표시이기도 하다(그리피스, 1982: 177). 의견의 불일치들은 가능하다면 미리(때로는 사후에) 풀 수 있으며 그렇게 하여 법정 소송으로 확대되는 것을 피할 수 있다.

저자나 번역자의 도덕적 권리는 침범할 수 없는 것이지만 많은 소송 사건들이 법원에서 판결될 필요는 없다. 하지만 어떤 사건은 법정에서 끝나는데 판결문들은 법에 많은 모순들이 있다는 사실을 보여준다. 예를 들어, 1961년의 핀란드 저작권법은 저작권을 문학 작품이나 예술 작품의 창작자에게 부여하면서, 문학적 혹은 예술적 가치나 저자의 독특성을 위반하는 작품에 대한 변경이나, 저자에게 무례한 행위가 될 수 있는 어떤 형태나 조합으로 대중화시키지 말라고 경고하고 있다(Tekijänoikeuslaki 3항, 1977). 번역자는 번역의 창작자로서 저자성을 주장할 권리를 가지며 그/녀의 작품의 완결성을 보호받는다. 만일 번역자가 그 작품의 완결성이 도전받는다고 느낌다면, 그/녀는 그것을 법정에 의뢰할 수 있다. 그 소송이 법정에서 판결되는 방식은 원 저자성이 판결되는 방식과 다르지 않다. 이 방식은 '원작과 그 번역본 사이의 인위적으로 구분을 강조하는데, 이 소송에서도 번역본이 '원본'이 되는 셈이다. 핀란드의 한 소송 사건에서 한 프랑스 극의 번역이 예술 감독이자 무대 연출가인 사람이 '무대의 요구조건'을 견지하는 관점에 맞춰 수정되었지만, 그 번역자는 사전에 그 수정들에 대해 듣지 못했다. 그녀는 그러한 수정들이 자기 작업의 문학적 · 예술적 가치와 완결성을 위반한다고 간주하여 그 극단을 고소했다. 법정에서 지루한 공방이 벌어졌는데, 여기서 계약에 명시되지 않았는데도 극의 첫 세 장이 다른 누군가에 의해 재번역되었다는 사실이 드러났다. 게다가 '원본' 번역은 축소되었고, 어휘들과 표현들은 다른 사람에 의해 좀 더 시대의 감각에 어울린다고 느껴지는 것으로 대체되었다. 그 번역자는 이것이 그녀의 도덕적 권리를 위반했다고 느꼈다. 해당 연출가와 극장 소유주는 그 번역자에게 보상금을 지불하라는 판결을 받았다. 그러나 그 연출가가 텍스트에 변화를 주고 번역의 표현들을 교체하고 세부사항들을 바로잡았을 때, 그는 극단에서 일반적으로 받아들여지는 실천들을 따른 것으로 보이지 번역자의 작품의 완결성을 위반한 것으로 보이지 않는다(Selostuksia ja tiedonantoja (. . .) 1974: 122-125). 그 연출가가 그 번역 텍스트를 변경하는 것은 허용되었지만 드라마투르기는 그렇지 못했고, 여하튼 연출가는 저자권이 있는 자신의 텍스트를 가질 수는 없었다. 공연에 사용되는 텍스트는 종이 위가 아니라 바람 속에 쓰여진다.

비록 저작권법이 번역 텍스트의 완결성이 위반되지 않도록 보장하지만, 효과를 발휘하기 위해서는 감시할 필요가 있다. 현실적으로, 얼마나 효율적으로 혹은 신중하게 이것이 행해지는 가에 대해서는 수많은 변수들이 있다. 핀란드에서는 감시의 책임이 개별적인 극단들을 위해 저작권을 사는 저작권 대행사에 있다. 대행사는 임무 중 하나는 텍스트가 다른 텍스트들의 기초로 사용될 때, 즉 번역일 경우 저작권 소유자를 대표하는 것이다.

어떤 저작권 소유자들은 다른 이들보다 더 경계할 것이다. 예를 들어, 앤드류 로이드 웨버의 『캣츠』 - 이 작품은 그 자체가 각색물이다6) -

---

6) 앤드류 로이드 웨버의 『캣츠』의 런던 공연을 위한 프로그램에는 이 각색자의 이름은 따로 명기되어있지 않지만, 트레버 넌이 쓴 "텍스트에 대한 주석"을 포함한다. 여기서

의 핀란드 번역이 T. S. 엘리어트 학회의 대표자들로부터 항의를 받았을 때, 그것은 원작인 엘리어트 작품의 완결성을 위반했다는 혐의를 받았다. 그래서 그 핀란드 번역은 두 개의 원본을 가지게 되었는데, 하나는 엘리어트의 시였고 다른 하나는 이에 기반해 뮤지컬용으로 만든 극본이었다. 번역된 이 텍스트의 저작권 소유자(트레버 넌 혹은 로이드 웨버 혹은 카메론 매킨토시?)는 그 핀란드 번역이 자신의 권리를 위반한다고 생각지 않았다. 대신 그 위반은 한 단계를 건너 뛰어 '첫' 원본으로 향했다. 이 논란은 리허설에서 번역본을 거둬들여 수정하는 것으로 해결되었다.

저자권 소유자 혹은 저자는 화가 나도 개입하기를 원하지는 않을 수 있다. 이런 일이 다리오 포의 <한 아나키스트의 우연한 죽음>이 1979년 처음 런던의 웨스트엔드에서 공연되었을 때도 발생했다. 그 작가는 변화를 거의 인식하지 못하고 그의 극을 보러 왔지만, 그 변화를 수용했다.

저자(와 번역자)의 반응들은 예상하기 힘든 것이다. 텍스트가 재산인 한, 그리고 서명이 저자가 그 혹은 그녀의 텍스트로 소환할 수 있는 윤리적 재소환의 주소로 간주되는 한(버크, 1995: 289), 극단들은 그들의

넌은 다음과 같이 설명한다. "『노련한 고양이에 대한 늙은 주머니쥐의 책』*Old Possum's Book of Practical Cats*을 구성하는 시 대부분은 음악 완성작으로, 그리고 원래 출판된 형식에 맞춰 제작되었다. 하지만 몇 편은 시제나 대명사 등이 소소하게 수정되었고 젤리클들의 노래에 8행이 추가되었다. 그러나 우리 노래들 중 어떤 것들, 대표적으로 <폴리클 개들의 행진곡>과 <그리자벨라> 이야기는 엘리어트의 출판되지 않은 시에 속한다는 걸 알게 되었다. 프롤로그는 <폴리클 개와 젤리클 고양이>라는 제목의 또 다른 미출간 시의 아이디어에 기반하고 거기 나온 행들을 결합시켰다. <메모리>는 <바람부는 날의 광시곡>의 몇 행을 포함하고 이 시로 인해 제안된 것이며, <프루프록> 시기의 몇몇 시 구절도 포함한다. 이 쇼에 나오는 다른 모든 말들은 『시 선곡집』에서 따온 것이다."

일상적인 실천을 현존하는 법률에 맞출 필요가 있다. 그러나 아무리 신중하게 저작권을 감시하더라도, 텍스트가 저자를 떠나자마자 그것은 새로운 텍스트로 사용되는 것에 노출된다. 극 제작에서, 문어 텍스트는 어떤 우월적 지위를 부여받지도 않으며, 그것에 대한 어떤 단일한 한정된 해석도 있을 수 없다. 극의 중요성은 시대에 따라, 문화에 따라, 독자에 따라, 공연에 따라 달라질 것이다. 또한, 극은 개별적인 관객이나 독자 사이에서 다양하다. 연극을 만들어가는 과정은 모든 독자들이 텍스트 독서를 '소유'할 수 있을 권리와 함께, 의도된 단일한 독서의 개념을 부정한다 (바스넷-맥과이어, 1981: 38, 40). 어떤 작가가 저작권법이 가능하다고 제시하는 것처럼, 텍스트의 유일한 독서를 '독점'할 수 있다고 주장할 수는 없다.

앞으로의 길

현대의 번역연구는 점점 낭만주의적 저자성 개념의 사용에 도전해 왔으며, 베누티(1995b: 1, 베누티, 1998: 62-66도 참조)는 이 개념을 집단적 저자성 개념으로 대체할 것을 제안해 왔다. 이는 번역자도 저자의 한 부류로 간주할 수 있다는 것이다. 집단적 저자성은 저자를 특정한 사회단체와 협동하는 것으로 보면서 그 단체를 특징짓는 문화적 가치를 고려해 볼 수 있을 것이다. 한 작품의 형식은 단지 협동적이고 관객과의 관계에 의해 구성되는 것이거나, 저자의 인격이나 날것에 수행된 창작 노동에 기원하는 것만이 아니라 이미 존재하는 문화적 재료에서 도출된 것이기도 하다. 그래서 만일 저자성이 집단적이라면, 한 작품이 문화적 맥락과 협동적이면서 거기서 파생된 것이라면, 번역과 외국 텍스트는 서로 다른 맥락과 관계되는 것이기 때문에 별개의 사안이다. 텍스트가 쓰이는 서로 다른 사회적 상황은 그 텍스트들이 다른 형식을 취하여 그들의 독자들에게 다른 의미를 전달할 것이라는 사실을 보증한다. 결론적으로, 집단적 저자성 개념은 번역과 그것이 번역하는 외국 텍스트를 구분 짓는 형식에 대한 정확한 정의를 제공한다. 형식의 협동적이고 파생적인 면은 결국 번역자의 저작권 주장에 대한 기초로 작용할 뿐만 아니라 외국 저자의 번역에 대한 권리를 제한하기를 원하는 주장도 뒷받침하는 언어적, 문화적 차이들로 귀결된다(베누티, 1995b: 15-16).

베누티의 제안은 특히 극번역에서 정당하게 여겨지는데, 여기서 각색은 오늘날 문학체계 내의 각색에서보다 수용 사회에 훨씬 더 밀접하고 가시적으로 번역과 동반된다. 연극에서는 극작가와 번역자가 같은 양의 노동을 투입하므로 저작권법에서 이들을 불평등하게 대우하는 것을 정당화하기는 어렵다. 작가의 기본적인 재료는 그/그녀 사회의 언어와 사회적 담론이며 번역 행위도 제도적으로 같은 방식으로 기능한다(브리세, 1996: 6). 외국 저자들이 말을 거는 언어적, 문화적 독자층에는 그들의 번역작품의 독자들은 포함되지 않는다. 번역자들이 말을 거는 국내 독자층이 요구하는 번역하는 언어와 문화에서의 가독성은 외국 저자가 외국 텍스트에서 실현한 만큼을 넘어선다(베누티, 1995b: 17). 양쪽 모두 그들의 권리를 인정받을 만하다.

만일 저자성의 일차적 윤리적 기능이 저자가 그 혹은 그녀의 텍스트로 되돌아갈 수 있는 재소환의 구조를 마련하는 것이라면, 외국 극작가와 번역자는 다른 텍스트로 소환된다. 이러한 사실은 그 구조가 극번역을 위한 것이므로 저자성의 개념에서 인정될 필요가 있다.

전혀 다른 또 하나의 문제는 저작권법이 위계질서를 구축하고 하나의 텍스트를 다른 텍스트보다 우위에 둘 필요성에 기반하고 있고, 번역자를 여성 작가들과 함께 다락방에 가두려는 남성적인 영향의 불안에 사로잡혀 있는 방식에 도전하는 것이다. 번역 작업이 주로 창조보다는 복제로 보여져왔기 때문에 노력이 덜 들고 인정을 덜 필요로 하는 것으로 간주되어 왔다. 번역자들은 익명으로 남아 있었으며 중요성에서 작가들보다 부차적으로 여겨져 왔다. 번역자들은 어떤 선구자도 없었고 그리하여 또한 여성 작가들과 함께 저자성에 대한 불안을 공유해왔다. 하지만, 그 불공정에 대한 의식은 점차 커지고 있고 양쪽 진영 모두 더 가시적으로 되어야 한다고 격려 받아 왔다. 번역자들은 점점 그들의 작품이 외국의 극작가의 작품과 똑같은 인정을 받을만한 저자, 창작자의 부류로 인정받고 있다. 저작권법은 언어 국경과 다른 문화들 사이의 채무를 처벌하려고 노력하는 중에 방향을 잘못 잡았다. 그러한 채무와 영향 또한 자기 자신의 사회와 거기서 발생하는 글쓰기에 더 가깝게, 그 속에 있는 것이다. 텍스트는 다양한 방식은 시장에서 유통되며 이제 위계를 상호연계로 대체할 시대가 도래했다.

맺음말

어떤 것도 고립 속에서는 의미가 없으며, 항상 연극번역이 발생하는 맥락이 있다. 항상 한 텍스트가 그로부터 출현하고 그 속으로 옮겨가는 어떤 역사가 있다. 언어들 사이의 관계성은 번역 과정에서 매우 중요하지만, 문화들이 서로 관계 맺는 방식들을 지각하는 것은 훨씬 더 중요하다. 이러한 지각들이야말로 번역하기로 내리는 결정 (그리고 일단 내려진 결정) 이면에 흐르는 바람직한 텍스트의 선정과 그 과정에 적용되는 전략들 이면에 작용하는 추동력이다. 연극 텍스트의 문화간 교류의 결과 또한 무시해서는 안 된다. 우리는 진실성의 신화, 즉 우리가 세상을 하나의 구성물이 아니라 있는 그대로 본다는 믿음을 결코 잘 벗어날 수 없으며, 서양 연극에서 지배적인 사실주의로 기우는 편향은 진실성이 사물이 존재하는 방식이라는 가설을 강화한다. 종종 우리가 타자를 흘깃 엿보았다고 믿을 때 우리는 단지 거울 속에 비친 우리 자신의 반사를 본 것일 뿐이다.

모든 텍스트와 마찬가지로 연극 텍스트는 풍부하고 비옥하다. '원본'과 그것의 번역물들은 임대인들이 그들이 사는 거처에 상당한 변화를 줄 수 있는 임대 아파트와 같다. 연극 종사자들과 관객들은 텍스트에 옮겨 들어가면 그것을 다시 장식하고 그들 자신의 역사의 틀 속에서 그 텍스트를 의미 있게 만든다. 그러므로 텍스트는 그것의 세입자와 관련하여 접근하고 연구되어야 한다. 그 세입자들은 그들을 둘러싼 사회의 다양한 코드에 반응하고, 이 반응을 통하여 자기 시대의 전체 사회문화적 담론들에 그 텍스트들을 통합해 왔다(혹은 통합하는 데 실패했다).

다양한 문화적, 사회적, 연극적 코드를 재현하는 번역전략 행위들은 텍스트가 문화적 경계를 넘을 때 무슨 일이 발생하는가에 대한 연구에서 일차적 관심거리이다. 비록 이론상으로는 텍스트는 그 속에 무한정한 수의 '읽기들' 혹은 '해석들'을 가지지만 그 텍스트들은 세계로 향한 창으로서가 아닌 거울로서 가장 흔하게 선택된다. 그 선택은 타자에 대한 진정한 관심에서가 아니라 그것들이 어떻게 우리에게 봉사하는지에 가장 빈번하게 기반한다. 바로 이 때문에 원천 텍스트의 담화와 그것을 수용하는 도착사회의 담화의 양립가능성은 외국의 것을 자기 자신의 연극 레퍼토리로 받아들임에 달려 있게 되는 것이다.

번역은 항상 자기중심적인 동기를 가진다. 어떤 특정한 텍스트의 선택과 그 번역을 위한 특정한 번역전략의 선택은 항상 일종의 타자성에 대한 진술이다.

이러한 진술들은 모두 다 같은 것이 아니다. 번역은 외국 텍스트가 완역되거나, 주로 연극 미학의 측면인 어떤 특성들을 자기 고유의 언어

체계와 문화체계로 이식시키려는 노력이 행해질 때, 번역을 타자에 대한 경의를 표현할 것이다. 하지만 우리는 경의의 태도 이면에서 이기적인 동기를 발견한다. 그러한 이기성은 외국 텍스트의 양과 질을 통해 자기 고유체계의 문화적 자본을 늘리려는 욕망 속에 있으며, 이런 우월한 특질을 통해 다른 동등하게 가치 있는 특성들이 토착의 연극체계와 문화체계에 주입되게 된다. 번역 양식으로서의 경의는 국내의 저작을 양산하기 위한 영감의 원천으로서 외국의 것을 자국체계에 이식하려는 의도를 포함한다. 전체적으로, 타자성은 부각되거나 혹은 그것을 무시하려는 어떤 시도도 행해지지 않는다. 외국의 것은 자기의 것보다 우월한 것으로 인식되고, 자기의 것은 그 관계에서 혜택을 취하는 것으로 보인다.

한 특정한 번역전략을 선택하는 것은 원천 텍스트에 대해서나 어떤 권위적인 우월한 문화와 그것이 드러내는 고정된 위계질서에 대한 반역으로도 읽힐 수 있다. 외국의 텍스트는 보통 공간적으로나 시간적으로 재현실화되거나 혹은 번역이 그것을 모방 또는 패러디하기 위해 쓰여진다. 반역의 양식에서, 외국의 것은 자기의 것에 기여하기 위해 전복되기는 하지만 자기의 것이 외국의 것으로부터 완전히 분리되는 것은 아니다. 드 세르토의 문화연구 모델, 특히 '위장 부업' 개념은 이러한 번역 양식을 설명하는 데 유용하다.

그러한 양식은 원천 텍스트가 도착문화의 관점에서 그것을 재현실화하거나 그것의 모방작을 쓰는 식으로 다시 쓰일 때, 외국의 것에 대한 무시로 비쳐질 수 있다. 이 양식은 원천 텍스트와 원천문화를 전유함으로써 경의의 방식을 뒤집는다. 모든 것이 도착문화의 관점으로 환원되는데, 그것은 지배적인 입장이며 낯선 문화를 자기들의 목적에 맞게 바꾸는 것이다. 번역전략의 선택, 그리고 이를 통한 번역 양식(기저에 흐르는 경의를 뒤집는 두 문화 사이의 비대칭에 대한 지각이 그 내재적인 동기가 되는)은 경제적 제약이나 매체의 제약에 의해 설명할 수 있을 것이다. 경제적 고려사항은 현대 서양 연극에서 점점 더 중요한 역할을 하고 있다. 여기서는 자본이 전체 하위체계를 생성할 뿐만 아니라 파괴할 수도 있기 때문이다. 마찬가지로 매체-관련 변화는 연극 텍스트의 번역에서 전반적인 변화가 일어날 때나 아니면 연극 텍스트가 라디오나 TV 용으로 다시쓰기 될 때 중요하다.

번역가를 보이지 않는 다락방에 감금해온, 위계를 구성하기 위한 필요에서나 영향에 대한 남성적 불안에 의한 저작권법의 토대들 또한 도전받을 수 있다. 번역 작업이 주로 창작보다는 복제로 보여 왔기에 그것은 덜 어려우며 인정받을 필요가 더 적다고 간주되어 왔다. 하지만 저작권법에는 수많은 모순점들이 있으며 연극 텍스트에 대한 그것의 권한은 문제적이지 않은 것이 아니다. 여기서 집단적 저자성의 개념이 유용할 것이다. 번역가들이 점차 일종의 저자, 즉 그들의 작업이 외국의 극작가들의 작업과 같은 인정을 받을 만한 창작자로 받아들여지고 있는 것으로 보이기 때문이다.

만일 번역이 우선적으로 자기중심적으로 동기화된 활동이라면 번역연구는 더욱 더 그럴 것이다. 번역연구는 어떤 문화가 작동하거나 작동해온 방식을 이해하고 그것을 받아들이려는 욕망 속에 뿌리내리고 있기 때문이다. 번역물은 자신들의 역사적 맥락과 독자층, 그리고 권력 제도들과 그 문화의 밀접한 관련을 모두 반영하는 수용문화의 생산물이다. 최근에 이르러서야 하나의 번역물은 높은 문학적 가치보다 더하지는 않더라도 적어도 그만큼은 한 나라의 경제 및 무역 관계와 얽혀 있다는 사실을 사람들은 이해하기 시작했다. 번역된 작품들은 문화적 비대칭에 대한 가치 있는 정보를 제공하는데, 텍스트는 문화 사이를 이동하면서 결코 순수하게 보전되지 않기 때문이다. 그것들은 다른 문화에서 어떤 형식으로 존재했지만, 새로운 환경에서 살아남기 위해 수용문화 안에서 그 자체의 수단들을 사용해 재창조된다. 번역은 항상 외국의 것에 대항해 자국의 것을 방어하려고 애쓰기 때문에 그 속에는 일종의 인종주의적 요소가 들어있다. 미지의 것은, 만일 그것이 지배하도록 허용한다면, 위협을 의미한다. 이러한 이유로, 번역 완성본은 항상 그것의 원천 텍스트보다는 수용문화의 반영물이 될 것이다.

문화간 연극에서 어떤 일이 발생하는지를 기술하고 분석하는 일의 복잡성은 그 일을 고갈되지 않는 연구의 영역으로 만든다. 비록 그 미로의 많은 길을 가 보았지만 아직 더 가야 할 길이 상당히 남았다. 하지만 탐험가가 많을수록 그들이 갈 수 있는 영역은 더 넓을 것이다. 이 미로에 오신 걸 환영한다.

시르쿠 알토넨Sirkku Aaltonen의 『무대의 시간공유: 연극과 사회에서의 드라마 번역』Time-Sharing on Stage: Drama Translation in Theatre and Society은 수잔 바스넷Susan Bassnett과 에드윈 젠틀러Edwin Gentler가 공동으로 편집한 <번역의 문제들>Topics in Translation이라는 기획 시리즈물 중 하나다. 이 책은 번역의 기본에 관한 일반적인 지침서가 아니다. 이 책은 기존의 번역 이론을 비판적으로 조명하면서 해체론적 관점과 방법론에 입각하여 극번역이론을 재정립하고자 시도한 이론서이다.

수잔 바스넷이나 파트리스 파비스Patrice Pavis가 1980년대나 1990년대에 극번역에 대한 나름의 이론을 제시한 것을 제외하고, 극번역에 대한 아주 탁월한 이론을 만날 수 없던 차에 이 책이 나왔다. 알토넨이 이 책에서 기본으로 삼고 있는 것은 극번역이란 문화연구와 밀접하게 연관된 문화간 번역intercultural translation이라는 점이다. 그녀는 극번역의 특성을 설명하기 위해 '시간공유'time-sharing라는 용어를 사용한다. 원래 '시간공유'는 주로 휴가 시설을 공동으로 소유하거나 임차하여 일정 기간 동안 교대로 사용하는 것을 말하는데, 특히 알토넨은 연극 텍스트를 세입자들이 교대로 점유하는 임대 아파트에 비유한다. 이 비유는 미셸 드 세르토Michel de Serteau의 문화 이론서인 『일상생활의 실천』*The Practice of Everyday Life*에서 영감 받은 것이다. 드 세르토는 독서 행위란 어떤 타인의 텍스트 속에 각각의 독자들이 자리 잡고 자신의 쾌락과 기억 등을 주입시켜 전유하는 과정이라고 말하면서, 텍스트를 임대인이 들어와 살면서 변형시키는 셋집에 비유한다. 이를 알토넨 식으로 연극의 관점에서 보면, 이곳에 일정 기간 거주하는 세입자들은 다름 아닌 번역자들뿐 아니라 그 밖의 극 종사자들을 말한다. 그들은 임대아파트라는 연극 텍스트를 각기 나름의 방식으로 해독하고 점유하며 이 공간을 많이 변화시킨다. 그녀가 지적하듯이, "극작가, 번역가, 무대 감독, 의상 및 무대 디자이너, 음향 및 조명 기술자뿐만 아니라 배우들까지 이들 모두가 그들이 연극 텍스트 안으로 들어가 그것들을 자기 것으로 만들면서 연극 텍스트의 창작에 기여하는 것이다"(55).

연극 텍스트는 임대 아파트와 마찬가지로 어느 한 사람이나 그룹이 독점하는 곳이 아니다. 연극 텍스트에 반응하는 방식이 이 전의 사용자와 같은 방식대로 반응하라는 법이 없다. 따라서 새로운 사용자들은 새로운 방식으로 그 텍스트를 대하며 이를 자신의 것으로 새롭게 창조할 것이다. 알토넨이 주장하듯이, 연극 제작 과정에서 텍스트를 혼자서 읽어내는 유일한 독서란 있을 수 없다. 연극 텍스트란 시대, 문화, 독자, 공연에 따라 달라지기 때문에, 이에 대한 단 하나의 고정된 독해 방식이 존재하지 않는다. 따라서 극번역은 '직접적인 여기와 지금'이라는 구체적인 상황에서 연극 텍스트에 대한 새로운 독해에 기초하기 때문에 번역 과정에서 원천 텍스트를 새로운 텍스트로 탄생시키는 행위이다. 말하자면, 번역은 원천 텍스트에 내재된 문화적, 극적, 사회적, 언어적, 사회역사적 코드들을 새롭게 해석하고 재조정하여 도착사회의 코드들을 표현하는 것이다.

　이 점에서, 번역 텍스트는 원천 텍스트 못지않은 지위를 지녀야 마땅하다. 알토넨이 이 책의 서문에서 원천 텍스트의 우월성을 부정하고 번역 텍스트의 독자적 지위를 강조한다. 알토넨은 번역 텍스트의 지위를 이렇게 풀이한다. "외국 희곡들이 소개되어 국내 공연에 오르는 것은 현재의 국내 쟁점들의 조명 속에서 외국 텍스트를 보여주기 위함이 아니다. 그보다는 국내 쟁점들이 외국 텍스트의 조명 속에서 드러나는 것이다"(9). 이렇듯 극번역이란 원천 텍스트를 있는 그대로 보여주는 것이 아니라 이를 다양한 규범 속에서 해석하여 사회문화적 담론 속에 통합시키는 행위라는 것이다.

　1장에서 알토넨은 자신의 극번역 이론을 제시하기 위해 우선 문화 간 연극에 대해 논의한다. 그녀는 20세기 말에 연극연구가 점차로 사회학이나 인류학과 관련을 맺게 되었다는 점을 지적하며, 연극 종사자들이 문화와는 뗄 수 없는 상황에 처해 있다고 주장한다. 2장에서는 "연극체계는 다른 사회와 문화체계와 공생관계로 공존하는 살아있는 유기체연극체계는 다른 사회와 문화체계와 공생관계로 공존하는 살아있는 유기체"(17)라는 알토넨의 주장이 펼쳐진다. 말하자면, 이러한 연극체계는 극번역에 중요한 물질적 토대를 제공하는 복잡한 네트워크라는 것이다. 그렇기 때문에, 번역에는 반드시 인간의 상호작용, 즉 인격들 간의 상호작용뿐 아니라 서로 다른 지리적, 사회적, 그리고 언어의 다양성 사이의 상호작용이 존재한다. 이러한 상호 작용으로 인해 생겨난 끝없는 의미의 사슬 속에서 극번역가는 연극 텍스트를 자신의 것으로 만드는 세입자인 셈이다. 번역가는 원천 텍스트를 자신의 독해에 기초하여 번역하기 때문에 사회적, 문화적, 극적, 언어적 맥락 속에서 새로운 텍스트를 생산하는 저자이다. 번역은 연극 텍스트가 하나의 연극체계에서 다른 연극체계로 이동하면서 문화적 경계를 넘는 과정을 수반하기 때문에, 극번역연구에는 학제적 연구의 틀이 요구되는 것이 당연하다.

3장은 더욱 구체적으로, 번역가들이 원천 텍스트를 다시쓰기를 함으로써 새로운 텍스트를 만들어내는 번역전략과 관련된 상호텍스트성에 대해 논의한다. 번역가는 도착사회의 사회적 담화뿐 아니라 극단의 미학에 따라 연극 텍스트를 선택하고 이를 조정해야 한다. 연극은 다른 장르에 비해 사회적인 특성을 더 많이 갖고 있으며 공동의 경험과 뗄 수 없는 관계에 놓여 있다. 이렇듯, 연극 텍스트는 어느 특정 시기와 장소에 있는 사람들에게 전달되기 때문에, 그들의 생각이나 가치의 영향을 받지 않을 수 없다. 연극 텍스트는 이러한 수용의 문제가 중시되기 때문에 도착문화의 사회적 문화적 조건에 따라 '문화변용'acculturation 과 '자연화'naturalization 를 겪을 수밖에 없다. 이러한 조정은 예술과 공동체를 위한 것으로 정당화될 수 있다.

알토넨은 원천 텍스트가 하나의 고정된 우월한 텍스트라는 점을 부정한다. 말하자면, 그녀는 번역물을 원천 텍스트보다 하위의 텍스트로 간주하는 위계의 오류를 비판하며 기존의 번역학연구가 지닌 문제점을 지적한다. 만약 원천 텍스트를 하나의 고정된 모델로 삼아서 번역 과정에서 이루어진 변화와 왜곡을 연구한다면, 어떻게 해서 또 왜 특별한 방식으로 재현이 이루어지며, 또한 원천문화나 도착문화에서 그러한 재현이 의미하는 바를 밝힐 수 없다고 그녀는 주장한다.

번역에 관련된 가장 현실적인 제약이라 할 수 있는 번역자의 저자권리와 저작권법에 대한 논의는 4장에서 다뤄진다. 특히 알토넨은 저작권법의 한계와 모순을 지적한다. 그녀는 외국 극작가가 극을 쓸 때나 번역자가 번역할 때 투여하는 노동의 강도나 역할이 비슷한데도 그들을 다르게 대우하는 것은 부당하다고 지적한다. 저자와 번역자의 차별은 번역이 단순히 원천 텍스트의 복제에 지나지 않는 것이라는 사고에서 비롯된 것이다. 사실 번역자의 권리는 오랫동안 저자의 권리에 종속되어 왔다. 하지만 알토넨은 번역자가 외국극을 번역할 때 자신이 처한 사회나 문화, 그리고 연극 체제에서 다시쓰기 한다는 전제 아래 번역자를 외국 극작가와 동등한 창작자로 인정해줘야 한다고 강조한다. 번역자와 저자의 구분이 없어지게 되면, 창작과 번역 사이의 구분 또한 흐려져, 원본과 번역본 사이의 위계는 더 이상 존재하지 않게 된다는 것이다.

이 책은 저자의 고국 핀란드뿐 아니라 아일랜드, 퀘벡, 독일, 영국, 그 밖의 다른 곳의 사례로서 연극 텍스트가 전유될 때마다 발생하는 의미의 전달, 수용, 재구성의 과정을 논의하며, 사회적 문화적 맥락에서 원천 텍스트가 새롭게 해석되고 창조되는 '번역의 단명성'의 특성을 제시한다. 이 점에서 그녀는 극번역 연구는 문화간 극의 영역에 대한 연구가 필요하다는 점을 강조한다.

이 책에서 돋보이는 점은 알토넨이 연극 텍스트를 임대아파트에 비유하며 자신의 극번역론을 알기 쉽게 펼쳐나가면서 독자의 이해를 돕고자 시도한 점이다. 극번역이 여타 텍스트 번역과는 달리 공연을 전제로 하기 때문에, 이와 관련된 몇 가지 개념들이 아주 명쾌하게 구분되지 않고 사용된 곳도 더러 있다. 하지만, 역자들은 최대한 원문의 의미를 살리고자 연극 관련 주요 개념들을 다음과 같이 번역하였다. 'drama'는 주로 발음 그대로 '드라마'로 번역하였다. 왜냐하면 본문에서 이 말이 문학 텍스트와 연극 상연을 모두 포함하는 의미로 쓰이고 있다는 점을 의식하면서 이 책이 진행되고 있기 때문이다. 그래서 일반적으로 쓰이는 역어인

'희곡'으로 번역하지 않았다. 그 밖에 'play'는 '극', 'theatre'는 '연극'으로, 'performability'는 공연성, 'playability'는 연기성, 'speakability'는 발화성으로 번역하였다. 'source text'는 '원천 텍스트'로, 'target text'는 '도착 텍스트'로 번역하였는데, 특히 'target'에 대한 역어는 현재 국내에서 '목표', '수용' 등 다양하게 쓰이지만, 가장 많이 쓰이는 이 두 말은 그 의미가 과도하여 좀 더 중립적인, 번역이 도달되는 지점이란 뜻의 '도착'을 선택하였다. 'target-'을 '도착-'으로 번역할 때, 'source'는 그에 대응되는 말인 '출발'로 번역되는 것이 일반적이지만, 말의 빈도를 감안하여 'source'는 '원천'으로 번역하였다. 또, 저자가 원문에서 강조하기 위해 사용한 이탤릭체는 이 책에서 모두 진하게 표기했다. 번역을 하다 보니 어떤 부분은 어색하기도 했지만 되도록이면 원문에 충실하고자 그대로 두었고, 문맥상 독자의 이해를 위해 필요한 말에는 '역자' 표기를 달아 보충하였다.

끝으로 이 책의 번역은 부산대학교 영어영문학과 영상번역사업단의 번역기획총서 중 하나이다. 사업단 번역과정의 일환으로 초고 번역에 도움을 준 장원민에게 고마움을 전한다. 알토넨식으로 말해보면, 번역 텍스트라는 임대아파트에 수없이 들락거리며 이것저것 바꾸며 수정을 가했지만 여전히 미진한 부분이 보인다. 이는 모두 역자들의 몫이다. 무엇보다도 이 책이 출판되기까지 인내로 기다려준 도서출판 동인의 적극적이고도 많은 배려에 감사드린다.

참고문헌

Aaltonen, S. (1996) *Acculturation of the Other.* Joensuu: Joensuu University Press.

Aaltonen, S. (1997) *Macbeth in Finland.* In P. Bush (ed.) In Other Words, Winter/Spring no 8/9 (pp. 60-67).

Aaltonen, S. (1998) *Käännetyt illuusiot.* [Translated Illusions] Tampere: Tampere University Press.

Alasuutari, P. (1991) TV-ohjelmien arvohierarkia katsomistottumuksista kertovien puhetapojen valossa. [The Hierarchy of TV Programmes as Reflected in Ways of Speaking about Them]. In J. Kytömöki (ed.) *Nykyajan sadut* pp. 232-285. Jyväskylä: Gummerus.

Andrew, D. (1984) *Concepts in Film Theory.* Oxford: Oxford University Press.

Ang, I. (1991) *Watching Dallas. Soap Opera and the Melodramatic Imagination.* London and New York: Routledge.

Aspelin-Haapkylä, E. (1906) *Suomalaisen teatterin historia I* [History of Finnish Theatre]. Helsinki: Suomalaisen Kirjallisuuden Seura.

Aspelin-Haapkylä, E. (1909) *Suomalaisen teatterin historia III.* [History of Finnish Theatre]. Helsinki: Suomalaisen Kirjallisuuden Seura.

Barba, E. (1996) Eurasian theatre. In P. Pavis (ed.) *The Intercultural Performance Reader* (pp. 217-222). London and New York: Routledge.

Bassnett S. (1990) Translating for the theatre: Textual complexities. *Essays in Poetics* 15, 71-84.

Bassnett S. (1991) Translating for the theatre: The case against performability. *TTR: Traduction, Terminologie, Redaction* 4 (1), 99-111.

Bassnett S. (1998) Still trapped in the labyrinth: Further reflections on translation and theatre. In S. Bassnett and A. Lefevere (eds) *Constructing Cultures* (pp. 90-108). Clevedon: Multilingual Matters.

Bassnett-McGuire, S. (1985) Ways through the labyrinth: Strategies and methods for translating theatre texts. In Th. Hermans (ed.) *The Manipulation of Literature* (pp. 87-102). New York: St. Martin's Press.

Bassnett-McGuire, S. (1981) The translator in the theatre. *Theatre Quarterly* (40), 37-48.

Bhabha, H. K. (1994) *The Location of Culture*. London and New York: Routledge.

Bharucha, R. (1993) *Theatre and the World*. London and New York: Routledge.

Birch, D. (1991) *The Language of Drama*. London: Macmillan.

Bloom, H. (1995) A meditation upon priority, and a synopsis. In S. Burke (ed.) *Authorship. From Plato to the Postmodern.* (pp. 131-139). Edinburgh: Edinburgh University Press.

Bourdieu, P. (1992) *Distinction. A Social Critique of the Judgement of Taste.* Nice (transl.). London: Routledge.

Brisset, A. (1996) *A Sociocritique of Translation: Theatre and Alterity in Quebec, 1968-1988.* R. Gill and R. Gannon (transls). Toronto: Toronto University Press.

Brown, J. R. (ed.) (1995) *The Oxford Illustrated History of Theatre.* Oxford and New York: Oxford University Press.

Burke, S. (ed.) (1995) *Authorship. From Plato to the Postmodern.* Edinburgh: Edinburgh University Press.

Carrière, J.-C. (1988) *The Mahabharata.* P. Brook (transl.). London: Methuen.

Commission of the European Communities (1992) *Copyright and Information Limits to the Protection of Literary and Pseudo-literary Works in the Member States of the E. C.* Luxemburg: Office for Official Publications of the European Communities.

Cronin, M. (1996) *Translating Ireland.* Cork: Cork University Press.

Culler, J. (1975) *Structuralist Poetics.* London and Henley: Routledge & Kegan Paul.

de Certeau, M. (1984) *Practices of Everyday Life.* Berkeley, LA: University of California Press.

Delisle, J. and Woodsworth, J. (eds) (1995) *Translators through History.* Amsterdam and Philadelphia: John Benjamins Publishing Company.

Derrida, J. (1985a). Des tours de Babel. In J. F. Graham (ed. and transl.) *Difference in Translation.* Ithaca: Cornell University Press.

Derrida, J. (1985b) *The Ear of the Other: Texts and Discussions with Jacques Derrida.* C. McDonald (ed.), P. Kamuf (transl.). Lincoln: University of Nebraska Press.

Duff, J. W. and Duff, A. M. (1962) *A Literary History of Rome from the Origins to the Close of the Golden Age.* London: Ernest Benn Limited.

The Edmonton Journal (1994) Festival Supplement.

Edney, D. (1996) Translating (and not translating) in a Canadian context. In D. Johnston (ed.) *Stages of Translation* (pp. 229-238). Bath: Absolute Classics.

Esslin, M. (1980) *Draaman perusteet.* [English orig. An Anatomy of Drama]. S. Heiskanen-Mäkelä (transl.). Gummerus: Jyväskylä.

Esslin, M. (1994) *The Field of Drama.* London: Methuen Drama.

Even-Zohar, I. (1990) Polysystem studies. *Poetics Today* 11: 1 (Spring).

Farrel, J. (1996) Servant of many masters. In D. Johnston (ed.) *Stages of Translation* (pp. 45-55). Bath: Absolute Classics.

Findlay, B. (1994) Québécois into Scots: Translating Michel Tremblay. *Scottish Language* 13, 61-81.

Findlay, B. (1996) Talking in tongues: Scottish translations 1970-1995. In R.

Stevenson and G. Wallace (eds) *Scottish Theatre Since the Seventies* (pp. 186-197). Edinburgh: Edinburgh University Press.

Fischer·Lichte, E. (1989) Intercultural aspects in post-modern theatre: A Japanese version of Chekhov's *Three Sisters*. In H. Scolnicov and P. Holland (eds) *The Play Out of Context* (pp. 173-185). Cambridge: Cambridge University Press.

Fischer-Lichte, E. (1990a) Theatre, own and foreign. The intercultural trend in contemporary theatre. In E. Fischer-Lichte, J. Riley and M. Gissenwehrer (eds) *The Dramatic Touch of Difference* (pp. 11-19). Tübingen: Gunter Narr Verlag.

Fischer-Lichte, E. (1990b) Staging the foreign as cultural transformation. In E. Fischer-Lichte, J. Riley and M. Gissenwehrer (eds) *The Dramatic Touch of Difference* (pp. 277-287). Tübingen: Gunter Narr Verlag.

Fischer-Lichte, E. (1996) Interculturalism in contemporary theatre. In P. Pavis (ed.) *The Intercultural Performance Reader* (pp. 27-40). London and New York: Routledge.

Fiske, J. (1993) *Merkkien kieli. Johdatus viestinnän tutkimiseen.* [English orig. *Introduction to Communication Studies*]. V Pietilä et al. (eds and transls). Jyväskylä: Vastapaino.

von Flotow, L. (1997) *Translation and Gender.* Manchester, UK: St. Jerome Publishing.

Foucault, M. (1977) *Language, Counter-memory, Practice.* D. F Bouchard and S. Simon (transls). Ithaca: Cornell University Press.

Foucault, M. (1995) From What is an Author. In S. Burke (ed.) *Authorship. From Plato to the Postmodern.* (pp. 233-246). Edinburgh: Edinburgh University Press.

Friedrich, H. (1992) On the art of translation. In R. Schulte and J. Biguenet (eds) *Theories of Translation: An Anthology of Essays from Dryden to Derrida* (pp. 11-16). Chicago and London: The University of Chicago Press.

Geertz, C. (1973) *The Interpretation of Cultures. Selected Essays.* New York: Basic

Books.

Gentzler, E. (1996) Translation, counter-culture, and The Fifties in the USA. In R. Álvarez and M. Carmen-Áfrlca Vidal (eds) *Translation, Power, Subversion* (pp. 116-137). Clevedon: Multilingual Matters.

Gilbert, S. M. and Gubar, S. (1995) The madwoman in the attic. In S. Burke (ed.) *Authorship. From Plato to the Postmodern* (pp. 151-161). Edinburgh: Edinburgh University Press.

Gilula, D. (1989) Greek drama in Rome: Some aspects of cultural transposition. In H. Scolnicov and P. Holland (eds) *The Play Out of Context* (pp. 99-109). Cambridge: Cambridge University Press.

Gissenwehrer, M. (1990) To weave a silk road away. Thoughts on an approach towards the unfamiliar: Chinese theatre and our own. In E. Fischer-Lichte, J. Riley and M. Gissenwehrer (eds) *The Dramatic Touch of Difference* (pp. 151-159). Tübingen: Gunter Narr Verlag.

Gooch, S. (1996) Fatal attraction. In D. Johnston (ed.) *Stages of Translation* (pp. 13-21). Bath: Absolute Classics.

Griffiths, T. (1982) *Stagecraft*. Oxford: Phaidon.

Halttunen-Salosaari, E. (1967) Litteraari kuva. In *Juhlakirja Kauko Kyyron tayttaessa 60 vuotta 24.11.1967*. [Literary Image. *Festschrift* in Honour of Kauko Kyyro on his 60th Birthday]. Tampere: Tampereen yliopisto.

Harrison, M. (1998) *The Language of Theatre*. Manchester: Carcanet.

Hartnoll, P. (1990) *The Oxford Companion to the Theatre*. Oxford: Oxford University Press.

Healy, T. (1997) Past and present Shakespeares: Shakespearian appropriations m Europe. In J. J. Joughin (ed.) *Shakespeare and National Cultures* (pp. 206-232). Manchester and New York: Manchester University Press.

Heileman, J. (1970) Suomennoskirjallisuus. [Translated Literature in Finnish]. In P. Tarkka (ed.) *Suomen kirjallisuus VIII* (pp. 418-484). Helsinki: Otava.

Helsingin Sanomat (Finnish Daily Newspaper) 25/7/1996.

Heylen, R. (1993) *Translation, Poetics, and the Stage.* London and New York: Routledge.

Hirn, Y. (1916). Shakespeare in Finland. In *Finsk Tidsskrift LXXXa* (pp. 245-270). Helsinki.

Holmes, J. S. (1988) *Translated!* Amsterdam: Rodopi.

Jalonen, O. (1985) *Kansa kulttuurien virroissa.* [A Nation in the Stream of Cultures]. Helsinki-Keuruu: Otava.

Jeyifo, B. (1996) The reinvention of theatrical tradition. In P. Pavis (ed.) *The Intercultural Performance Reader* (pp. 149-161). London and New York: Routledge.

Johnston, D. (ed.) (1996a) *Stages of Translation.* Bath: Absolute Classics.

Johnston, D. (1996b) Theatre pragmatics. In D. Johnston (ed.) *Stages of Translation* (pp. 57-66). Bat4: Absolute Classics.

Kinnunen, A. (1985) *Draaman maailma. Villiintynyt puutarha.* [The World of Drama. An Overgrown Garden]. Porvoo: Werner Soderstrom Osakeyhtiö.

Kowzan, T. (1985) From written text to performance-from performance to written text. In E. Fischer-Lichte et al. (eds) *Das drama und seine inszenierung. Vorträge des internationalen literatur-und kultursemiotischen Kolloquiums. Frankfurt am Main 1983* (pp. 1-11). Tübingen: Max Niemeyer Verlag.

Kruger, A (1995) *'Bless thee, Bottom! Bless thee! Thou art translated!'* The Shakespearean phase in South Africa. Unpublished paper, read at the Conference on Translators' Strategies and Creativity, Prague, 25-27 September 1995.

Lagervall, J. (1834) *Ruumulinna.* [Crown Castle. English orig. Macbeth]. Helsinki: Wasenius.

Laitinen, K. (1981) *Suomen kirjallisuuden historia.* [History of Finnish Literature]. Helsinki: Otava.

Laskowski, J. (1996) Translating the famous dead, the dead obscure, and the living. In D. Johnston (ed.) *Stages of Translation* (pp. 187-198). Bath: Absolute Classics.

Lefevere, A (1982) Mother courage's cucumbers: Text, system and refraction in a theory of literature. *Modern Language Studies* XII, 4 (Fall), 3-20.

Lefevere, A. (1992) Translation, Rewriting & the Manipulation of Literary Fame. London: Routledge.

Levy, J. (1969) *Die literarische Übersetzung.* W. Schamschula (transl.). Frankfurt am Main: Athenaum Verlag.

Loomba, A. (1997) Shakespearean transformations. In J. J. Joughin (ed.) *Shakespeare and National Cultures* (pp. 109-141). Manchester and New York: Manchester University Press.

Macintyre, A. (1991) Relativism, power and philosophy. In K. Baynes, J. Bohman and T. McCarthy (eds) *After Philosophy. End or Transformation?* (pp. 385-411). Cambridge, MA and London, England: The MIT Press.

Medhurst, A. (1998) Sexuality. Tracing desires: Sexuality and media texts. In A. Briggs and P. Cobley (eds) *The Media: An Introduction* (pp. 283-294). Harlow: Longman.

Melrose, S. (1994) *A Semiotics of the Dramatic Text.* Houndmills, Basingstoke and London: Macmillan.

Mounin, G. (1976) *Linguistique et Traduction.* Bruxelles: Dessart et Mardaga.

Mulrine, S. (1996) 'A Man With Connections'. Adapting Gelman's *Naedine so vsemi* for radio. In D. Johston (ed.) *Stages of Translation* (pp. 123-130). Bath: Absolute Classics.

Nesbit, M. (1995) What was an author? In S. Burke (ed.) *Authorship. From Plato to the Postmodern* (pp. 247-262). Edinburgh: Edinburgh University Press.

Niranjana, T. (1992) *Siting Translation. History, Post-structuralism and the Colonial Context.* Berkeley, CA: University of California Press.

Orsmaa, T-B. (1988) Suomalainen teatteri kansainvälisten virtausten vaikutuskentässä itsenäisyyden ajan alusta 1960-luvulle. [Finnish Theatre and International Influences from the Beginning of the Independence Era to the 1960s]. In P. Koski (ed.) *Teatteri ja historia* (pp. 23-32). Fondi. Teattenmuseon vuosikija No: 2. Helsinki: Teatterimuseo.

Paavolainen, P. (1992) *Teatteri ja suuri muutto. Ohjelmistot sosiaalisen murroksen osana 1959-1971.* [Theatre and the Great Migration Movement. Theatre Repertoires as Part of Social Change]. Kustannus Oy Teatteri: Helsinki.

Palmer, J. (1998) News production. In A. Briggs and P. Cobley (eds) *The Media: An Introduction* (pp. 377-391). Harlow: Longman.

Paloposki, O. (1997). Translation discourse in early 19th century Finland. Unpublished Licentiate thesis, University of Tampere.

Pavis, P. (1989) Problems of translation for the stage: Interculturalism and post-modern theatre. In H. Scolnicov and P. Holland (eds) *The Play Out of Context* (pp. 25-44). Cambridge: Cambridge University Press.

Pavis, P. (1992) *Theatre at the Crossroads of Culture.* L. Kruger (transl.). London: Routledge.

Pavis, P. (ed.) (1996) *The Intercultural Performance Reader.* London and New York: Routledge.

Paz, O. (1992) Translation: Literature and letters. In R. Schulte and J Biguenet (eds) *Theories of Translation. An Anthology of Essays from Dryden to Derrida* (pp. 152-162). Chicago, IL: The University of Chicago Press.

de Poorter, E. (1993) Japanese theatre: In search of the beautiful and the spectacular. In C. Barfoot and C. Bordewijk (eds) *Theatre Intercontinental. Forms, Functions, Correspondences* (pp. 43-60). Amsterdam, and Atlanta GA: Rodopi.

Ranke, W. (1993) Shakespeare translations for eighteenth-century stage productions in Germany: Different versions of Macbeth. In D. Delabastita and L. D'hulst (eds) *European Shakespeares. Translating Shakespeare in the*

Romantic Age (pp. 163-181). Amsterdam, and Philadelphia PA: John Benjamins Publishing Company.

Rose, M. (1993) *Authors and Owners: The Invention of Copyright.* Cambridge, MA, and London: Harvard University Press.

Said, E. W. (1978) *Orientalism.* London and Henley: Routledge and Kegan Paul.

Salosaari, K. (1989) Perusteita näyttelijätyön semiotiikkaan. I osa. Teatterin kieli ja näyttelijä merkityksen tuottajana. [Grounds for the Semiotics of Acting. Part I. Language and Actor as Generators of Meaning]. Tampere: Tampereen yliopisto.

Schulte, R. and Biguenet, J. (eds) (1992). *Theories of Translation. An Anthology of Essays from Dryden to Derrida.* Chicago and London: The University of Chicago Press.

Schultze, B. (1990) In search of a theory of drama translation: Problems of translating literature (reading) and theatre (implied performance). In *Proceedings of the First Congress of the Associação Portuguesa de Literatura Comparada m 1989* (pp. 267-274). Lisbon: Estudos de Traducao.

Schultze, B. (1993) Shakespeare's way into the West Slavic literatures and. cultures. In D. Delabastita and L. D'hulst (eds), pp. 55-74.

Selostuksia ja tiedonantoja Korkeimman oikeuden ratkaisuista vuonna 1974. [Reports and Announcement Concerning High Court Decisions in 1974]. N. H. Sundberg (ed.). Helsinki, 1975.

Smidt, K. (1993) The discovery of Shakespeare in Scandinavia. In D. Delabastita and and L. D'hulst (eds) *European Shakespeares. Translating Shakespeare in the Romantic Age* (pp. 91-103). Amsterdam, and Philadelphia PA: John Benjamins Publishing Company.

Snell-Hornby, M. (1984) Sprechbare Spache-Spielbarer Text. Zur Problematik der Bühnenübersetzung. In R. J. Watts and U. Weidman (eds) *Modes of Interpretation* (pp. 101-116). Tübingen: Gunter Narr Verlag.

Tannen, D. (1993) *You Just Don't Understand.* London: Virago Press.

Taylor, D. (1996) *Directing Plays.* London: A & C Black.

Tekijänoikeuslaki. [Copyright Law]. (1997) In P. Timonen (ed.) *Suomen laki I* [Finnish Law (pp. 659-767). Helsinki: Kauppakaari Oy. Lakimiesliiton kustannus.

Tiusanen, T. (1969) *Teatterimme hahmottuu.* [Our Theatre Comes into Being]. Helsinki: Kirjayhtymä.

Tiusanen, T. (1970) Teatteri ja näytelmäkirjallisuus. [Theatre and Drama]. In *Suomen kirjallisuus VIII* [Finnish Literature VIII] (pp. 521-602). Helsinki: SKS and Otava.

Todd, L. (1989) *The Language of Irish Literature.* Basingstoke: Macmillan Education Ltd.

Totzeva, S. (1995) *Das theatrale Potential des dramatischen Textes.* Tübingen: Gunter Narr Verlag.

Toury, G. (1980) *In Search of a Theory of Translation.* Tel Aviv: Tel Aviv University /The Porter Institute for Poetics and Semiotics.

Veltrusky, J. (1977) *Drama as Literature.* Lisse: The Peter de Ridder Press.

Veltrusky, J. (1976) Dramatic text as a component of theater. In M. Ladislav and I. R. Titunik (eds) *Semiotics of Art* (pp. 94-117). Cambridge, MA: The Massachusetts Institute of Technology.

Venuti, L. (1995a) *The Translator's Invisibility. A History of Translation.* London, and New York: Routledge.

Venuti, L. (1995b) Translation, authorship, copyright. *The Translator* 1 (1), 1-24.

Venuti, L. (1998) *The Scandals of Translation.* London and New York: Routledge.

Verma, J. (1996) The challenge of Binglish: Analysing multi-cultural productions. In P. Campbell (ed.) *Analysing Performance: A Critical Reader* (pp. 193-201). Manchester: Manchester University Press.

Vivis, A. (1996) The stages of translation. In D. Johnston (ed.) *Stages of*

Translation (pp. 35-44). Bath: Absolute Classics.

Weijie, Y. (1990) Topicality and typicality. The acceptance of Shakespeare in China. In E. Fischer-Lichte, J. Riley and M. Gissenwehrer (eds) *The Dramatic Touch of Difference* (pp. 161-167). Tübingen: Gunter Narr Verlag.

Weitz, S. (1989) Mr Godot will not come today. In H. Scolnikov and P. Holland (eds) *The Play Out of Context* (pp. 186-198). Cambridge: Cambridge University Press.

Wickham, G. (1994) *Teatterihistoria. (A History of the Theatre.)* K. Nyytäjä (transl.). Helsinki: Teatterikorkeakoulun julkaisusarja nro 24.

Zuolin, H. (1990) China dream: A fruition of global interculturalism. In E. Fischer-Lichte, J. Riley and M. Gissenwehrer (eds) *The Dramatic Touch of Difference* (pp. 179-186). Tübingen: Gunter Narr Verlag.

지은이　　시르쿠 알토넨

핀란드의 바사 대학교University of Vaasa 영문과 교수로서 번역이론뿐 아니라 '비언어적 소통'이나 '매체연구'와 같은 문화관련 과목들을 강의하고 있다. 그녀는 드라마 번역을 다룬 논문, 『타자의 문화 변용: 핀란드 드라마 번역에서의 아일랜드 환경』*Acculturation of the Other: Irish Milieux in Finnish Drama Translation*으로 박사학위를 받았으며, 이후 계속해서 연극번역과 사회역사적 맥락 간의 관계를 연구해왔다. 또 핀란드의 연극번역가들의 글들을 편집했으며, 현재 극번역에 관한 다수의 논문을 발표하고 있다.

옮긴이　　정병언

부산대학교 영어영문학과 교수
루이지애나주립대 영문학 박사
역서: 『사랑의 바보짓』, 『영미문화연구—로빈슨 크루소의 발자국』(공역), 『극번역과 영화
　　　각색, 어떻게 할까?』(공역)

최성희

부산대학교 영문학 박사
영국 워릭대학 철학문학연구소에서 철학 석사
역서: 『극번역과 영화각색, 어떻게 할까?』(공역)

무대의 시간공유: 연극과 사회에서의 드라마 번역

발행일 • 2013년 2월 25일
지은이 • 시르쿠 알토넨/옮긴이 • 정병언 · 최성희
발행인 • 이성모/발행처 • 도서출판 동인/등록 • 제1-1599호
주　소 • 서울시 종로구 명륜동2가 아남주상복합아파트 118호
전　화 • (02) 765-7145/팩스 • (02) 765-7165/E-mail • dongin60@chol.com

ISBN 978-89-5506-528-2
정 가 18,000원

※ 잘못 만들어진 책은 교환해드립니다.

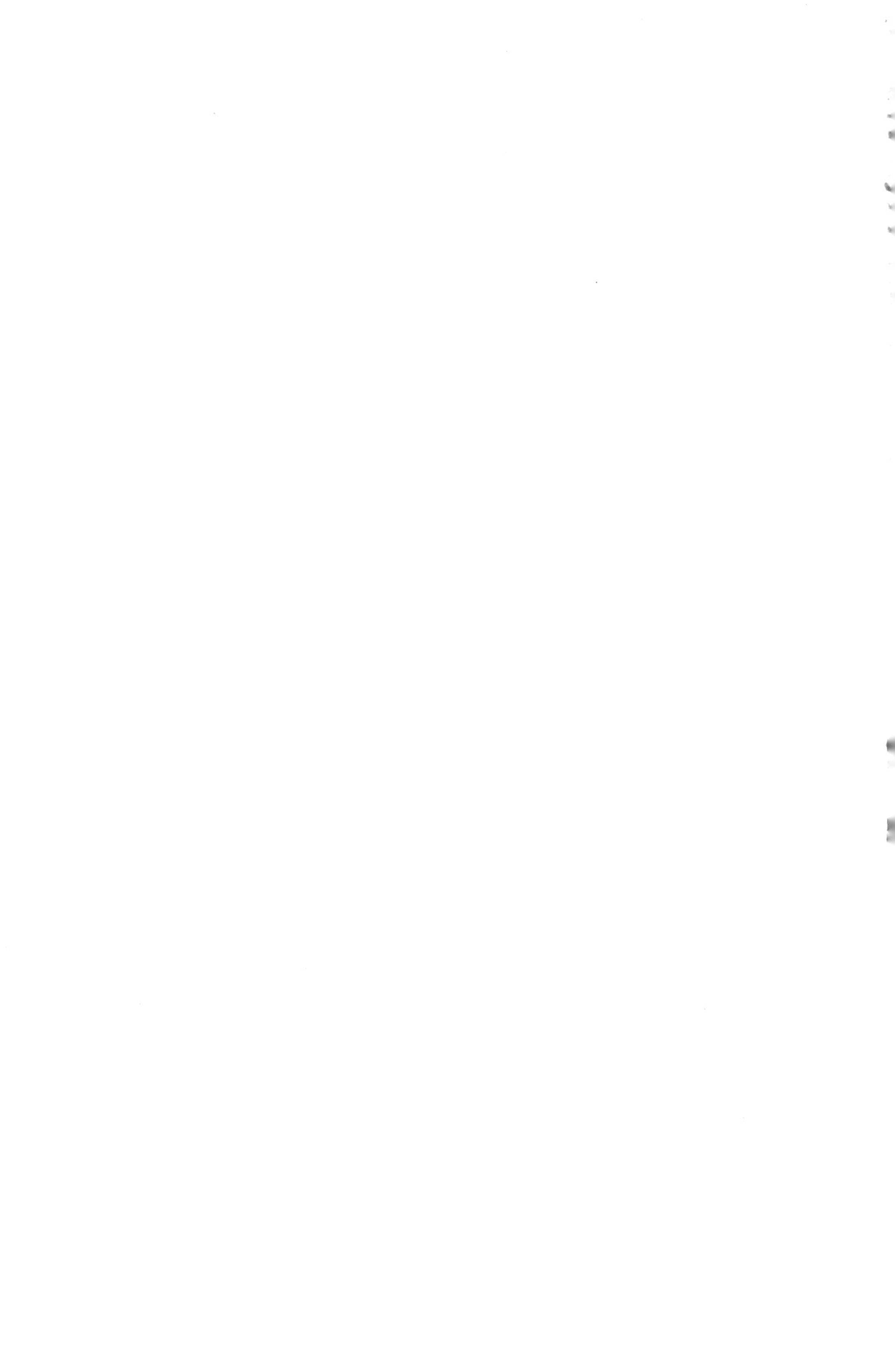